U0745791

团结

牟林吉·著

众人拾柴火焰高

一个篱笆三个桩，一个好汉三个帮

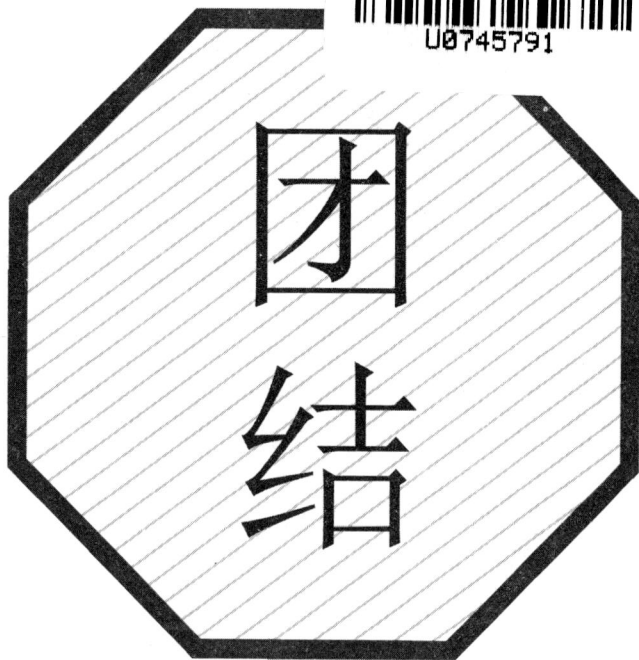

中国出版集团 现代出版社

图书在版编目(CIP)数据

团结:众人拾柴火焰高 / 牟林吉著. —北京:现代出版社,2014.2
(身心灵魔力书系)
ISBN 978 - 7 - 5143 - 1974 - 3

Ⅰ. ①团… Ⅱ. ①牟… Ⅲ. ①散文集 - 中国 - 当代

Ⅳ. ①I267

中国版本图书馆 CIP 数据核字(2014)第 022268 号

作　　者	牟林吉
责任编辑	王敬一
出版发行	现代出版社
通讯地址	北京市安定门外安华里 504 号
邮政编码	100011
电　　话	010 - 64267325 64245264(传真)
网　　址	www.1980xd.com
电子邮箱	xiandai@ cnpitc. com. cn
印　　刷	北京兴星伟业印刷有限公司
开　　本	700mm×1000mm　1/16
印　　张	13
版　　次	2019 年 4 月第 2 版　2019 年 4 月第 1 次印刷
书　　号	ISBN 978 - 7 - 5143 - 1974 - 3
定　　价	39.80 元

P 前 言
REFACE

- -

　　为什么当代的青少年拥有幸福的生活却依然感到不幸福、不快乐？怎样才能彻底摆脱日复一日的身心疲惫？怎样才能活得更真实快乐？

　　对于每个人来讲，你可能是幸福的、满足的，也可能是不幸福的。因为你有选择的权利。决定你选择的因素只有一点，那就是你是接受积极的还是消极心态的影响。而这个因素是你所能控制的。

　　你是否觉得烦恼、孤寂、不幸、痛苦？你是否感受过快乐？你是否品尝过幸福的味道？烦恼、孤寂、不幸、痛苦、快乐、幸福，这些都是形容词，而所有的形容词都是相对而言的。没尝过痛苦，又怎知何谓幸福的人生？总是到紧要关头才发现，幸福早就放在自己的面前。人的幸福，是人们对它的理解和感觉所赋予的，其实，幸福与否只在于你的心怎么看待。不幸又岂非人生之必经？有时候很奇怪，每每拥有幸福的时候，人往往不懂得这些就是幸福，总是要到失去以后才发现，幸福早就放在了自己的面前。

　　肚子饿坏时，有一碗热腾腾的面放在你眼前，是幸福；累得半死时，有一张软软的床让你躺上去，是幸福；哭得伤心欲绝时，旁边有人温柔地递过来一张纸巾，是幸福……幸福没有绝对的定义，幸福只是心的感觉。幸福与否，只在于你的心怎么看待。你要是总感觉自己钱没有别人多，地位没有别人高，妻子没有别人的漂亮，丈夫没有别人的体贴，孩子没有别人的聪明，你能感到幸福吗？

团结——众人拾柴火焰高

　　越是在喧嚣和困惑的环境中无所适从，我们越觉得快乐和宁静是何等的难能可贵。其实"心安处即自由乡"，善于调节内心是一种拯救自我的能力。当人们能够对自我有清醒认识，对他人宽容友善，对生活无限热爱的时候，一个拥有强大的心灵力量的你将会更加自信而乐观地面对现实，面向未来。

　　本丛书将唤起青少年心底的觉察和智慧，给那些浮躁的心清凉解毒，进而帮助青少年创造身心健康的生活，来解除心理问题这一越来越成为影响青少年健康和正常学习、生活、社交的主要障碍。本丛书从心理问题的普遍性着手，分别描述了性格、情绪、压力、意志、人际交往、异常行为等方面容易出现的一些心理问题，并提出了具体实用的应对策略，以帮助青少年朋友科学调适身心，实现心理自助。

C目　录
ONTENTS

第六章　语言的魅力

第七章　生活中的礼和仪

第八章　他人、集体和社会

第九章 包容才能成事业

第一章
团结的意义

　　一人之力如同在海岸遥望海中已经看得见桅杆尖头的一只航船，必须要风浪的推动；一人之力是站于高山之巅远看东方已经光芒四射喷薄欲出的一轮朝日，需要朝霞的映衬；一人之力是躁动于母腹中的快要成熟的胎儿，需要母体的滋养。每个人的力量是渺小的，但是大家一起合作，力量就是强大的。团结就是力量，"人心齐，泰山移"，太行、王屋两座山，何其大。可是有愚公在，有愚公的子子孙孙在，太行王屋何足挂齿？三峡水利工程，何其大，要花费多少人力物力？可是，有大家的同心协力在，这些困难又算得了什么？

一个篱笆三个桩

中国人历来有团结的传统。俗话说："一个篱笆三个桩，一个好汉三个帮；三个臭皮匠，赛过诸葛亮。"说的就是这个道理。

一个好的班集体是全班同学一起造就的，没有大家的共同努力，想成为好的班集体是不可能的。

翻开历史长卷，我们都体会到了一种强大的力量——团结。刘邦重用张良、韩信、萧何，得以创建帝业；刘备重用孔明、关羽、张飞、赵云，得以三足鼎立天下，宋江是一遇大事就手足无措，不知"如何是好"的主子，幸好有梁山一百多位兄弟"哥哥休要惊慌"的辅佐，才能占据八百里水泊；唐三藏的取经，没有孙悟空一路的降妖伏魔，猪八戒、沙和尚的鞍前马后，岂能取得真经，普度众生？

帝王也好，好汉也罢，古今中外单凭个人的力量能称王的，没有见到过。只有团结协作、齐心协力才能最终成功。

还记得有这样一个故事吗？从前有四只羊，这四只羊聚在一起时，可以说是无懈可击，而如果是一只呢？打败它却是轻而易举。一天这四只羊一起来到一片绿茵茵的草坪里吃草。那儿住着一只凶猛的狼，这只狼早就盯上了这四只羊了。可是因为它每次想去吃那些羊时，那四只羊都相互帮助，形成一个团结的集体，令它无从下手。

有一天，这四只羊吃草时，有一只羊突然提出一个问题，它说："你们说我们谁的力量大一点呢？每次我们都是一起抵抗狼。"

它们都你争我吵地说："我。"

因为他们都好强，因此都说："如果有狼来进攻我们，我们各自和它战斗，谁能打败它就能证明谁的能力最强，好吗？"四只羊都异口同声地答应了。

就这样四只羊一只一只地被凶猛的狼吃掉了,就因为,这四只羊没有团结,而只有争强好胜,于是这四只羊就这样告别了大自然。

这个故事告诉我们一个道理。如果这四只羊都不那么争强好胜,当狼来时都并肩作战。它们会败吗? 会与大自然告别吗? 所以我们青少年应该明白——团结就是力量。

团结就是力量,"兄弟齐心,其利断金",战国时期的蔺相如和那负荆请罪的廉颇,一位文臣,一名武将,正是他俩齐心协力辅佐赵王,才使强秦不敢来犯。2003 年,当嚣张的"非典"病魔在神州大地上肆虐时,正是各方人士不计回报的辛勤工作,素昧平生的人们之间的互相帮助,才使我们共同击败了"非典"病魔。

团结就是力量,"积水成渊,集腋成裘",在南泥湾开荒时,在党中央的号召下,每位三五九旅战士都团结合作、共同努力开荒种地织布,这才有了"陕北的江南",大到国家,小到班集体,团结互助的精神不可少。

魔力悄悄话

团结就是力量,"一根筷子易折断,十根筷子抱一团",曹操家的自相残杀早已成为过去,迎接我们的是我们共同托起的太阳!

团结协作为人之常情

三国时候,曹操逝世,权位的继承成了最大的问题。曹操儿子很多,影响较大的是:曹丕、曹植、曹彰、曹熊,继承人的问题备受群臣关注。

不久,他的长子曹丕即位,而曹丕的弟弟曹植被封为陈王。

曹植很有才华,精通天文地理,说起朝中政事滔滔不绝,且管治有方,因此在朝中很有威信,可谓是威震朝野啊! 曹丕把这一切都看在眼里,心中的妒火油然而生,对曹植产生了怨恨之心,把他视为眼中钉、肉中刺,处处苦苦相逼。众臣在皇帝面前也说三道四,说什么朝中一日有曹植,宫内鸡犬不宁,如他日造反,图谋篡位,何不为宫中一大害? 不如先下手为强,斩草除根,以免日后夜长梦多。曹丕听信了谗言,决定今日动手。正赶上一桩造反政事,曹丕认定曹植为主谋,正午时分,曹丕传弟弟曹植到池塘边相见,曹植一到,就被早埋伏好的卫队挥刀截下。见到曹丕,曹植道:"吾兄传我有何贵干?"曹丕道:"宫中造反一事,想必你听说了吧,吾登皇位你怀恨在心,这事是否你主使的?"曹植长叹一声,道:"吾兄疑我造反,谋你河山篡你朝位! 这罪行可不敢担当,请吾兄明察秋毫。"曹丕不好推辞,只得说:"好,看在你我兄弟的情谊,我命令你在七步之内作出一首诗,不然,休怪我大义灭亲了。""好办好办,若我不能在七步内作诗一首,任凭你处置。"曹植胸有成竹地说。"爽快! 爽快! 咱俩一言为定。"曹丕说完,便迈出了第一步,突然,他闻到了从远出飘来的阵阵煮豆的香味,灵感一来,借物抒情,还没有走完七步就作下了这首脍炙人口的诗:

"煮豆燃豆萁,豆在釜中泣。本是同根生,相煎何太急?"

作完,曹植对曹丕说:"我们虽有君臣之分,但毕竟是骨肉相连,何必苦苦相逼? 手足相残? 我无意与你权利相争,无论谁是君主,我都会忠贞不贰地跟随,毫无怨言! 明枪易挡暗箭难防。若你要杀我,轻而易举,何必大费周折,先父在九泉之下是不能瞑目的呀。"曹丕听了,被驳得无话可说。曹丕明白了曹植这首诗的道理:如果自己杀了曹植便会被世人耻笑,于是便放了曹植,最后仍不放心,将其贬为安乡侯。

曹植的这首七步诗,纯以比喻的手法出之,语言浅显,寓意明畅,毋庸多加阐释,只需于个别词句略加疏通,其意自明。"其"是指豆茎,晒干后用来作为柴火,燃烧其而煮熟的正是与自己同根而生的豆子,比喻兄弟逼迫太紧,自相残害,实有违天理,为常情所不容,诗人取譬之妙,用语之巧,而且在刹那间脱口而出,实在令人叹为观止。

魔力悄悄话

"本是同根生,相煎何太急"二语,千百年来已成为人们劝诫避免兄弟阋墙、自相残杀的普遍用语,说明此诗在人民中流传极广,成为家庭不团结的一个劝诫。

一个团结的经典故事

从前,有一个少数民族国家叫作吐谷浑,亦称吐浑,中国古代西北民族及其所建国名。本为辽东鲜卑慕容部的。西晋末,首领吐谷浑率部西迁到袍罕(今甘肃临夏),后扩展,统治了今青海、甘南和四川西北地区的羌、氐部落,建立国家。

吐谷浑地处青海高原,以畜牧为主。白兰出黄金、铜、铁,金属冶炼也比较发达,位于中西交通要道,商队曾东至长江和黄河下游,西达波斯,南抵吐蕃、天竺。

吐谷浑有一位国王叫作阿豺,生有 20 个儿子。他这 20 个儿子个个都很有本领,难分上下,可是他们自恃本领高强,都不把别人放在眼里,认为只有自己最有才能。平时 20 个儿子常常明争暗斗,见面就互相讥讽,在背后也总爱说对方的坏话。

阿豺见到儿子们这种情况,很是担心,他明白这种不睦的局面对国家的危险。阿豺常常利用各种机会和场合来苦口婆心地教导儿子们停止互相攻击、倾轧,要相互团结友爱。可是儿子们对父亲的话都是左耳朵进、右耳朵出,表面上装作遵从教诲,实际上并没放在心上,依然我行我素。

阿豺的年纪一天天老了,他在想自己死后,儿子们怎么办呢? 再没有人能教诲他们、调解他们之间的矛盾了,那国家不是要四分五裂了吗? 究竟用什么办法才能让他们懂得要团结起来呢? 阿豺越来越忧心忡忡。

有一天,阿豺预感到死神就要降临了,他把儿子们召集到病榻跟前,吩咐他们说:"你们每个人都放一支箭在地上。"儿子们不知何故,但还是照办了。

阿豺又叫过自己的弟弟慕利延说:"你随便拾一支箭折断它。"慕利延顺手捡起身边的一支箭,稍一用力,箭就断了。

阿豺又说:"现在你把剩下的 19 支箭全都拾起来,把它们捆在一起,再试着折断。"慕利延抓住箭捆，使出了吃奶的力气，咬牙弯腰，脖子上青筋直冒，折腾得满头大汗，始终也没能将箭捆折断。

阿豺缓缓地转向儿子们，语重心长地开口说道："你们也都看得很明白了，一支箭，轻轻一折就断了，可是合在一起的时候，就怎么也折不断。你们兄弟也是如此，如果互相斗气，单独行动，很容易遭到失败，只有20个人联合起来，齐心协力，才会产生无比巨大的力量，可以战胜一切，保障国家的安全。这就是团结的力量啊！"

儿子们终于领悟了父亲的良苦用心，想起自己以往的行为，都悔恨地流着泪说："父亲，我们明白了，您就放心吧！"

阿豺见儿子们真的懂了，欣慰地点了下头，闭上眼睛安然去世了。

魔力悄悄话

折箭的道理告诉我们：团结就是力量，只有团结起来，才会产生巨大的力量和智慧，去克服一切困难。

团结的思考

让我们来看看下面一位成人的一段自述。

大学时候,曾经有位哲学老师向我们阐述团结的定义。

当时,老师在黑板上画了两个圆形,说我们每个人就是一个圆滑得滴溜溜的球,要想选两个球贴合在一起,也就是想要团结的话,只能将两个球各削掉一部分。

老师说着擦掉了两个圆形的一侧,这样就有了接触面,两个圆形就能紧贴吻合了。

所以老师告诉我们团结的定义就是双方都要做出牺牲,削掉你那部分圆滑,否则两个球是贴合不上的。

后来我去合资公司上班,还念念不忘团结的定义。

我所在的业务组有位大姐跟我在一起工作,有天大姐为一笔订单和我有点不太愉快的争执。

按规定那位客户是属于我的,但是有两天公司的电脑脾气不好,将客户资料弄得丢三落四,等电脑修好时,好些我的客户就易主到大姐的名下。

在我们争吵时香港老板大手一挥,这笔订单我就和大姐对半开了。

显然香港老板不理解团结的真正定义。

虽然我和大姐都做出形式上的牺牲,都被削掉了一半,但我俩根本就不可能团结,相反都恨死了对方。

我俩都认为自己囫囵完整的利益硬是被对方给瓜分了。那以后我们连对方的影子都不愿看到。

两个月后由于一次偶然的机会,我们小组齐心协力赢得了一个竞争对手的一大笔订单。

庆祝会上同事们都喜气洋洋,大姐居然也前嫌尽弃地和我频频碰杯,大家其乐融融,一派团结友好的歌舞升平之象。

我那天也喝得微醉,微醉中我想到我们的那个竞争对手现在一定很惨。想明白这个道理我就赶快翻电话本要给哲学老师打电话,可怎么也找不到他的电话了。

魔力悄悄话

在当今,一切讲究利益和效益的社会,团结的定义似乎应该修改。因为牺牲我们自己的利益并不能使我们在利益基础上团结,所以应该是齐心协力打败别人,从别人那儿切一块来贴补到我们身上,也就是说在某些时候战胜别人才能真正促进我们的团结……

孤胆英雄的悲哀

有一天，《动物世界》正在播放角马大迁徙的壮观画面：

只见在非洲大草原上，上百万头的角马连绵数十里，它们嘶叫着咆哮着，声震四面八方，势如排山倒海；马蹄飞扬，卷起了漫天黄沙，蔚成奇观！

突然电视画面上出现与这浩浩荡荡的迁徙画面极不相称的一幕：

四只不怀好意的猎豹正伺机猎杀角马。

它们终于找到了角马的安全漏洞，发现角马行进的队伍比较松散，于是就选择了一头角马作为攻击对象，它们迅速分散开来，分别从四个不同的方向，向这头角马迅猛地包抄了过去，生生地将这头角马与角马群割离开来。

一只个头最大的猎豹用它那强大的双颌咬住了角马的腿，任凭角马拖着它跑，却死也不松口，第二只猎豹追上来，也死死咬住了这头角马的腰部不放，第三只、第四只猎豹也分别咬住了角马的不同部位。

时间一分一秒地过去了，这只角马负痛顽强地搏斗着，虽然在它的身旁，就是同类的百万大军，它们中或许有的是听到了呼救声，侧过头看了一眼受伤的角马，虽然也流露出同情的目光，但并未停下脚步；有的或许是自己发现了同伴正在经历着生死搏斗，停了下来，看着同伴正在遭受危险却不知所措，只好茫然地跟着大部队呼啸而去。

这只角马由于失去平衡，终于摔倒在地，观众的心也为之一紧，心想：可怜的角马，这下凶多吉少了。

可是它并没有被拖垮了，它不停地反抗着，用头顶，用角扎，用脚踢，终于寻着机会站立了起来。

但生性好斗的猎豹不会轻易放弃到手的猎物，它们再次组织了强有力的攻击，角马也再次倒在了地上，观众的心也完全地被悬了起来，心想：可怜的角马，这下在劫难逃了，寡不敌众，会被猎豹这种独特而残忍的方法拖垮了。

可结局出乎意料,这头角马并没有成为猎豹们口中的美餐,因为求生的本能化作了顽强的意志,使它在危机重重的情况下始终没有放弃生的希望,凭借它那不凡的耐力,一只、两只……终于挣脱了猎豹的撕咬,带着累累伤痕跑向了自己的大部队。

我们再来看一看故事中的双方主角的简介,一定会给你我以强烈的触动。

猎豹:外形似豹,凶猛好斗,喜欢独处。但身材比豹瘦削,四肢细长,趾爪较直,不像猫科动物那样能将爪全部缩进;体长 120~130 厘米,体重约 30 千克;尾长约 76 厘米;肩高 75 厘米,头小而圆;全身无色淡黄并杂有许多小黑点;猎豹是奔跑最快的哺乳动物,每小时可达 120 千米。

大自然赐予了它们无与伦比的速度,却没有同时赐予它们耐力。现分布于非洲。

角马:生活在非洲东南部开阔的草原上,相貌奇异,生性温和。喜欢群居。它的背上披着马一样的鬃毛,还有一条马一样的尾巴;体粗大,体长 1.5~2.0 米,尾长 35~55 厘米,肩高 1~1.3 米,成体体重 230~275 千克;奔跑速度虽不及猎豹那样快,但大自然赐予了它们力气与耐力。头上还长着又尖又硬的对角,分向两侧再向上弯曲成钩状,形状似公牛角,外貌十分凶猛。

这一场生与死的较量,充满了哲学的意蕴,从中我们看到了强或弱都是相对的,但团结就是力量,这是绝对的。

这头角马是好样的,一个对四个,孤军搏斗,虽然两度陷入了绝境,但精神没有垮掉,意志始终坚强,虽然伤痕累累,但它并没有输,因为它活着回来了,活着就是希望;这头角马也是幸运的,试想一下,倘若猎豹增加到五只、六只,甚至更多,它还能逃脱被吃掉的噩运吗?可怜的角马,它虽然是至情至性的孤胆英雄,但你们必须知道:团结才有力量,团结带来希望,团结更能体现你们的优势。

这些猎豹是好样的,虽然论个头只是角马的几分之一、论力气、论耐力都远不及角马,若与角马单打独斗,绝不是角马的对手。但它们敢于向角马发动攻击,因为它们善于团结,又善于发挥行动灵活、擅长奔跑的特点,差一点就使角马成了它们的美味。

猎豹们应该感到庆幸,虽然你没有生就一副高大的体魄,也不具非凡的耐力,但你继承了勇敢的品德,从父母与老师的良好教育,获得了狩猎的智慧,更得到了父母与老师的真传:团结就是力量,团结就有希望。于是你们有了智慧,有了团结的精神,敢于向强敌挑战,在强敌面前能以多胜少。

青少年朋友,当你读了以上的故事,你是否有同样的感触呢?

魔力悄悄话

虽然父母遗传给了你强健的体魄与非凡的耐力,但你的父母与老师不懂得团结的道理,不懂得教育孩子们团结就是力量,团结就有希望的道理:一只角马足以战胜一只猎豹,十只以上的角马团结起来就足以戳死一头狮子;不懂得教育孩子互相帮助的意义:帮助了别人,就是帮助了自己。面对猛兽,他们选择了胆怯地退缩,选择了各自逃脱,而任由猛兽将同类中倒霉的家伙吃掉。

团结不仅是口号

中央曾经印发《公民道德建设实施纲要》的通知,把"团结"作为公民基本道德规范的一项要求。团结是人们在意志、行动、情感上的和谐统一;团结不仅是口号,它所具有的凝聚力和向心力能发挥无比巨大的作用。

在我国新疆天山的冰川附近,生长着许多雪松和云杉。这里有一个奇怪的现象:几乎所有的雪松树梢都被风折断,而云杉却大都安然无恙。从木料材质来讲,雪松比云杉坚韧得多,应该更能抵御狂风才对,为什么反而是它们被折断了呢?

科研考察队员经过仔细观察发现了其中的奥秘。雪松在高原上大都是孤立的,即使成林也稀稀落落。大风一来,就把它们压倒折断了。而云杉大都是成林的,密密地站在一起。风来的时候,它们一起组成一面强大的防风墙,再大的风也对它们无可奈何。团结的力量实实在在。团结,使柔弱的云杉战胜了风暴,赢得了胜利。

人生活在社会之中,是具有群体性和社会性的,团结是人类求得生存与发展的必不可少的元素。随着社会的进步,自觉团结成为一种传统美德。在中华民族的历史上,一直以团结为贵,以团结为荣。《孟子》曰:"天时不如地利,地利不如人和",《国语》中也有这样的话:"同德则同心。同心则同志":历史一再证明,只要中华民族拧成一股绳,就繁荣兴盛,而如果分崩离析,则民不聊生。

团结的力量是号召力,它动员人们振作精神、心怀希望、勇往直前;团结的力量是巨大的精神支柱,它鼓励人们乐观勇敢地对待困难和失败。中华各个民族之间要团结,全党全国人民要坚定不移地团结在党中央的用围,共同发展我们的社会主义现代化建设事业,这已经成为社会发展进步的客观要求;同事要团结,邻里要团结,家庭成员之间也要团结,这也是大家努力营造美好和谐的人际关系和社会氛围的共同心愿。团结让人们心往一处想,劲往一处使,团结使人们互帮互助互谅互爱,能让整个社会充满力量和温情。1998 年的抗洪斗争,人们至今记忆犹新。它再次向人们昭示了一个颠扑不破的真理:团结就是力量! 在那段艰苦的日子里,抗洪前线的军民。手挽手、肩并肩,硬是筑起了一座钢铁长城,锁住了洪水。保住了大堤。在抗洪大军的身后,12 亿多中国人民组成了更为壮观的大团结场面,展示了中华民族团结一心、不可战胜的伟大力量。

反观不团结的后果,轻则分散精力,影响情绪,重则会贻误个人和国家的事业。在工作中,同事之间如果没有团队合作精神,就会闹矛盾,搞内讧,这样单位的效益就无从谈起,对个人也没有任何好处。生活中的互帮互助更应体现在各个细节上。不久前有报道说,某地一居民楼曾经常失窃,后来,派出所抓住了窃贼,小偷招供:这居民楼住户都自顾自,有了动静谁都不敢吱声,所以我就经常光顾。看,邻里不团结不互助,连小偷都气焰嚣张,真是害人害己。

魔力悄悄话

团结的力量实实在在。讲团结,就要从我做起,从身边小事做起。

为团结正本清源

在《现代汉语词典》中,"团结"有两条解释:一条是"为了集中力量实现共同理想或完成共同任务而联合或结合";一条是"齐心协力,结合紧密;和睦"。文本解释得很明确,但在现实生活中,团结却时常被误解和曲解。因此有必要正本清源,厘清团结的内涵和外延。

团结不是千篇一律。我国正处于社会转型时期,新兴的阶层不断涌现,各种社会矛盾不断凸显。每个群体都在寻找合适的途径表达民意诉求,如果一味苟同,不听取不同的声音,则会使矛盾和问题潜伏下来,最终在更大的范围和程度上损害团结。团结要以理解为前提,信任为内核,促进一个地方的发展为基础,通过各种不同意见之间的相互碰撞、砥砺、交锋达到社会内部的和谐、合作。必须不抓辫子,不扣帽子,不打棍子,广开言路,求同存异。通过真诚的提醒、善意的批评和理直气壮的斗争,在激烈的交锋中达成共识,在各种不同利益的诉求中寻找平衡。

团结不是一团和气。以和为贵不能不分是非,没有原则,对错误的思想、观点和行为也不表态,不批评,不制止。对于损害共同政治基础和群众利益的言论和行为,不能听之任之,放任自流,而是要以合适的方式批驳纠正,激浊扬清。团结需要的是敢于犯颜直谏的魏征,而不是指鹿为马的赵高。

古人讲君子之交"和而不同",就是团结但是保持各自的观点和意见。宋代的朱熹和陆九渊的"鹅湖之会"就是这么一个经典。

朱熹和陆几渊都是南宋时期著名哲学家、教育家。朱熹(1130—1200年),字元晦,徽州婺源(今属江西)人。他博览群书,一生勤于著述和讲学,在经学、史学、文学、乐律以至自然科学方面都有不同程度的贡献。他所注解的《四书集注》,被南宋以后的朝廷视为解释儒家经典《论语》《孟子》《大学》《中庸》即"四书"的权威,定为学生的必读书目和科举考试的蓝本。陆九渊(1139～1193),字子静,号象山,江西抚州金溪县人,因曾在江西贵溪象山讲学,后人大都称他"象山先生"。他虽然做过几年地方官吏,但一生致力于做学问。

作为哲学家,朱熹和陆九渊两人的观点有很大的分歧。朱熹主张"理学"(即客观唯心主义),陆九渊主张"心学"(即主观唯心主义),双方各持己见。为了明辨谁是谁非,争夺"正统"地位,他们通过各种间接或直接的方式曾进行过激烈的争论。其中,最著名的一次辩论要算是"鹅湖之会"了。

1175年4月,著名学者吕祖谦为了调和朱陆之间的矛盾分歧,邀请朱熹和陆九渊在江西信州鹅湖寺(在今江西铅山县)相会,与会者还有当时的一些著名学者,如陆九渊的兄长陆九龄等。在"鹅湖之会"上,朱熹和陆九渊就"为学之方"进行了激烈的辩论。

朱熹明确地提出了自己的看法:"一个人要明白道理,必须多读书,不读书则难以明事理。"陆九渊针锋相对地提出:"道理存在于人们的心中,应该先注重人的内心的自我反省,不然,书读多了反而糊涂。"朱熹不赞成陆九渊的观点,对陆九渊说:"学习不破万卷书,怎么能掌握知识、明白事理? 怎么能在求学、修身方面有长进呢?"陆九渊反驳说:"书籍堆积如山,读不胜读,要掌握事物的道理,必须先发掘人的本心,然后才能去博览群书!"他进一步反问朱熹,说:"尧舜之前何书可读呢?"意思是说,尧舜之前虽然没有书读,但同样出了像尧舜这样的大圣人,可见,发掘人的本心,加强自我反省比读书更重要。"鹅湖之会"两人辩论了3天,最后还是各有各的道理,谁说服不了谁。

值得赞扬的是,两人虽然思想见解不同,却没有妨碍他们之间的友谊,甚至两人互拜为师,取长补短。他们两人从来没间断过书信来往,在书信中,他们既争论问题,又向对方请教,相互探讨切磋学术问题,互相取长补短,两人结下了深厚的友谊。

后来,朱熹在庐山主持白鹿洞书院,1181年春天,陆九渊到南康(今江西星子)拜访朱熹,并请朱熹为其兄陆九龄写墓志铭。朱熹邀请陆九渊到白鹿洞书院讲学。九渊欣然应允。他的讲题是《论语》中的"君子喻于义,小人喻于利"两句,他指出:"今人读书便是为利。例如,中举之后又要做官,做官之后又要升迁,从少到老,从头顶到脚跟,做什么事都为了利。"由于陆九渊讲学言辞恳切,说理透辟,切中时弊,听众中有感动得流泪的。朱熹对陆九渊的讲学非常满意,认为切中当时学者们的痼疾,并特地请他写成讲义,刻在石碑上,立在书院门口,作为对他的学生的训诫。

朱熹与陆九渊虽然学术思想各异,却能相互尊重,既相互争论,又相互学习,团结合作,友好往来,成为历史上的美谈。

魔力悄悄话

那种听不进不同意见,不敢接受监督,以表面的"和"来掩饰潜在的"不同"的做法,最终只能导致更大的不团结、不和谐。廉价的表扬,放弃原则的一团和气,实际是对团结的破坏。

团结不是不要原则

某班级的两个同学碰在一起,经常说:"我们二人是哥俩好,就像兄弟一样,穿一条裤子,方方面面没有任何矛盾,团结嘛!"

有一次,一个同学又气咻咻地抱怨:"要不是为了团结,我肯定要坚持我自己的想法。"原来,在讨论一项重要活动时,这位同学的正确意见与班长不合,而他却为了所谓的"班子团结"。违心地放弃了自己的主张。

随着团结理念越来越深入人心,团结之风劲吹城镇山乡,人们正在为构建民主法治、公平正义、诚信友爱、充满活力、安定有序、人与自然团结相处的社会而付出辛勤的努力。然而一段时间以来,似乎有人对团结的含义存在着一种理解上的片面、认识上的误区,以为一讲团结,就是要你好我好大家好,逢人点头哈腰,开口一团和气,闭口嗯嗯啊啊,正确的不敢坚持,错误的不敢反对,不是和稀泥,就是走中庸路线。

其实,团结不是不要原则。不讲原则,不讲是非,放弃的是正确的观点,助长的则是歪风邪气。不可否认的是,现在有些人之间,见面"哈哈哈哈"。坐下"一致同意",没有一点批评与自我批评,完全是一个鼻孔出气。我们知道,只要干工作。就不可能会没有不同意见,没有争论。所以说,"穿一条裤子,工作上没有任何矛盾"的事是不可能出现的。除非一方,一味地迁就、盲从。而为了所谓的"团结"而放弃自己正确的意见,是极不负责的表现。

古人提出"和为贵","天时不如地利,地利不如人和",同时又提出"和而不同""求同存异"等。很明显,古人的"和",不是不分是非、不分曲直、不分对错,不是要人随波逐流,同流合污,而是要"和而不流",也就是说要讲原则,讲立场,讲观点,如果沆瀣一气,臭味相投,那就成了小人之"和",拉帮结派、党同伐异、狼狈为奸。举个简单的例子,王安石和苏轼二人,在人格上互相倾慕,在文章上互相景仰,但苏轼却是王安石变法的最激烈的反对者。这就是"君子和而不同"。

团结——众人拾柴火焰高

我们应该明白的是,以人云亦云、好歹不分、良莠不辨换来的所谓的"团结",是庸俗市侩,是利益均沾,是权力分配;以做"和事佬",奉行好人主义,怕得罪人,不敢坚持正确意见而换来的"团结",是明哲保身,是怕挑担子,是得过且过。这些人"腰里挂算盘",凡事只替自己打算。这种"团结"虽说有时能够获得短暂的"风平浪静",但暴风雨或迟或早总会爆发。我们还要防止的是,如果谁有一点意见,就被戴上不讲"团结"的帽子,扣上破坏"安定团结"的罪名。

时下,有人张口闭口回避矛盾,似乎一谈到有矛盾,就破坏了"一团和气"的氛围。我们为什么要提出构建团结和谐的社会?就是因为社会生活中,存在着这样或那样的不团结因素,需要用公平和正义去解决矛盾,消除不公。正因为有不团结因素存在,我们才大力提倡团结。提倡团结,不是提倡如何回避矛盾。回避矛盾,只能使矛盾越积越多,越积越大,最后难以收场。

对待矛盾,我们要有正确的认识。没有矛盾,就没有发展,就没有变化;没有矛盾,社会就会停滞不前。有了矛盾,有了差异,我们才会去寻求解决矛盾的办法,找出消除差异的手段。看到矛盾,正视矛盾,千方百计解决矛盾,才能达到团结、和睦。如果一发现矛盾,一出现问题,不去积极想办法加以解决,而是在"团结"的幌子下,遮着、捂着、藏着,或者是漠视百姓的正当要求,对群众的呼声置之不理,那样只会激化矛盾,加剧冲突。比如分配不公、就业困难、看病难、读书贵等,如果你视而不见,闻而不理,让这些问题日积月累,势必酿成大祸。各单位、各部门的领导干部,勇于正视矛盾,巧于化解矛盾,才能为构建社会主义团结社会做出应有的贡献。

团结不是一团和气,团结不是否认矛盾、掩盖问题。我们要的,是"君子坦荡荡"的团结,是坚持真理、坚守正确、坚定原则的团结,是对班级集体高度负责任的团结。团结不是拉帮结派。

初中部某某班的同学还有半年就要毕业了,根据同学们的反映,他们中间出现了拉帮结派的现象。男同学有什么"四大天王",为首的是一个经常迟到、好打群架的顽皮同学;女同学中有什么"五朵金花"的干姊妹,为首的女同学认为快毕业了,痛痛快快玩几天算了。他们虽说没有出现严重的违纪事件,可也影响了其他同学的学习。

团结不是拉帮结派,彼此拉拉扯扯,没有原则立场和是非观念,往往以个人的情感亲疏好恶来判断是非对错。这样的群体虽然可以成团成伙,成帮成派,甚至形成一个人脉极强、足以影响一个地方政治生态的庞大网络,但得道多助,失道寡助,虽然短期内能拉拢一小部分人,但长远看疏远的却是大部分人。团结要凝聚各方力量,有效调动一切积极因素,出以公心,心存大气,像毛泽东同志说过的那样,"我们都是来自五湖四海,为了一个共同的革命目标,走到一起来了……要互相关心,互相爱护,互相帮助"。团结要分清是非,不拿原则做交易,不掺杂个人私利,相互理解,相互信任,在合作共事中加深了解,在相互支持中增进团结。

青少年同学出现拉帮结派现象,主要是受电影、电视、书刊中侠义人物的影响而盲目模仿,有的还带有一定的黑社会性质。作为老师,对这种现象如果强制令其解散,是不会收到好效果的;相反会使他们增加逆反心理,产生破罐子破摔的想法。这些同学大都是学习不太好、从未受过表扬、爱面子的同学,他们在同学中的影响力是较大的,因此必须采取审慎的态度和做法。

老师们经过研究,决定采取正向引导、加强帮助、个别谈心的方法来解决这个问题。

1. 正向引导

正向引导,是指健康的集体舆论起着一种评价作用,它以议论、褒贬、奖惩等形式肯定或否定这些同学的某些事实和行为,引起他们的注意和重视,促使他们调整自己的行为。正向引导有三个积极作用:对拉帮结伙同学的行为有引导作用,它能对每个人形成一种自然的无形压力,能约束他们每个人的言论和行为;能扶正压邪,有利于班集体的良好风气;能使思想统一,矛盾减少。

2. 加强帮助

加强帮助,是指加强班集体建设。若有一个团结、凝聚力很强的班集体,拉帮结派的就少,也难以形成较大的消极影响。用集体的力量去影响和教育他们中的每个同学。要教育全班同学,对他们采取友好关心的态度,保持正常的联系;尊重他们,特别是教师要信任他们,吸引他们参加班集体的各项活动,使他们感到集体生活的愉快、丰富、充实和温暖,意识到自己是班集体的一员,从而产生强烈的归属感,并自觉接受班集体的管理和约束。再就是开展有意义的活动,满足这些同学的多层次需要,最大可能地让他们在正式群体里有充分表现自己的机会,使他们的聪明才智得以发挥、展示。

3. 个别谈心

个别谈心,是指对核心人物的转化教育。核心人物有了积极的转变,就可以影响其他同学。在个别谈心的同时要善于发现他们的积极因素,鼓励他们的微小进步,肯定他们身上的优点和长处,给予真诚的鼓励、关心和爱护,启发他们树立健康向上的精神,并为激发他们进步和发挥特长创造条件。

经过工作,上述拉帮结派的同学得到了转化,最后都合格毕业。青少年同学中的拉帮结派是中小学学生中一种比较普遍的现象,有的明显,有的不明显,教师应注意分析他们的类型,针对性地做好工作,扬长避短,把这些同学引导到健康成长的轨道上来。

魔力悄悄话

团结不是回避矛盾。我们知道,社会进程中,人类生活里,矛盾无处不在,冲突无时不有。讲团结,并不是要发现困难绕开,看见问题躲着,碰到矛盾走远。

第二章 打造你的团结力

　　团队需要有一个清晰明确的战略目标,战略最简单的解释为:知道以后要做什么,围绕战略设定团队的具体目标,目标是战略的具体体现,战略的制定是少数人的事情,但是战略转化为目标则需要全体团队成员共同并且是高度的参与。现在很多的企业认为这只是领导者的事情,下面员工知不知道没有多大的关系,因此在整个过程中都是根据领导者的意愿在做,而事实上,很多的员工对企业的战略并没有清晰的认识,在执行时,效果当然不好。所以,让员工清楚并且认同的团队战略和目标是保证团队目标实现的关键。

如何培养团结力

所谓团队精神,是一种集体意识,是团队所有成员都认可的一种集体意识。团队精神是高绩效团队中的灵魂。简单来说,团队精神,就是大局意识、服务意识和协调意识"三识"的综合体。反映团队成员的士气,是团队所有成员价值观与理想信念的基石,是凝聚团队力量,促进团队进步的内在力量。**团队精神尊重每个成员的兴趣和成就,要求团队的每一个成员,都以提高自身素质和实现团队目标为己任。团队精神的核心是合作协同,目的是最大限度发挥团队的潜在能量。**

1. 人的协作性

不仅仅体现在实施过程中,而且还应该体现实施前的准备;没有充分的实施前的准备,就不可能真正的是赢得市场竞争的胜利。要赢得市场竞争性的预期目标就必须充分估计将来在实施过程中可能出现的所有问题,(包括"单一"与"多重"竞争对手的策略应变)并有针对性地在不同的实施环节和灵魂上做好充分准备。

2. 沟通机制

理解与信任不是一句空话,往往一个小误会反而给管理带来无尽的麻烦。有一个雇员要辞职,雇主说:"你不能走啊,你非常出色,之前的做法都是为了锻炼你,我就要提拔你了,我还要奖励你!"可是,雇员却认为是一句鬼话,他废寝忘食地工作,反而没马屁精的收入高,让他如何平静! 一个想重用人才,一个想为企业发挥自己的才能,仅仅因为沟通方式不畅,都很受伤害。我曾经听到一个高级雇员说:"如果老板早一点告诉我真相,我就不会离开公司了。"

3. 团队最佳组合

团队必须形成有领导力、决策力、实施力不同层次上的一个强强联合体;如果不是最佳组合就难以在竞争中发挥协作性。不同的市场竞争形态

对这个团队与人的知识和素质有着不同的要求,要求这个团队中的每一个人在不同的层面上对自身行业动态具备一定的了解和研究

4. 企业竞争

企业竞争并不像《蓝海战略》所讲的"诗意化""理想化"了的那样,而是更加残酷、血腥和激烈,竞争形态的多样化以及竞争空间扩大化,是对团队与不同层面的人的灵魂力的需求。市场竞争中,任何一个领域都有可能变成战场,无论前方还是后方、无论是冲锋陷阵还是做管理、技术、服务保障工作,每一个人都会面临竞争所形成的威胁。不具备强健的体魄、坚强的意志和灵活的应变能力,很难承受企业信息化营销变革战略的高强度和快节奏,更谈不上发挥人的协作性。那种在市场信息化条件下只做好本职工作、缺乏灵魂力的认识,显然是不能适应竞争的需要。

5. 灵魂的力量

从人的心理角度出发培养团队灵魂力量。从心理学的角度,如果要改变一个人的行为,有两种手段:惩罚和激励。惩罚导致行为退缩,是消极的、被动的,法律的内在机制就是惩罚。激励是积极的、主动的,能持续提高效率。适度的惩罚有积极意义,过度惩罚是无效的,滥用惩罚的企业肯定不能长久。惩罚是对雇员的否定,一个经常被否定的雇员,有多少工作热情也会荡然无存。雇主的激励和肯定有利于增加雇员对企业的正面认同,而雇主对于雇员的频繁否定会让雇员觉得自己对企业没有用,进而雇员也会否定企业。

魔力悄悄话

在企业经营战略管理中,仅有"个人能力"是远远不够的。我们要在"国际视野""系统能力""智勇谋略"上去培养企业团队灵魂,努力打造一批具有"国际化管理"素质的优秀人才,使企业不同层面的人才在实施技能、知识积累、应变能力上适应时代发展的需求。

打造团队团结力的方法

团队不是人的简单集合,有人不叫团队,团队的概念是指:在一个集合中,一个首领领导着具有不同行事风格、具有不同行事能力的人的组合。一个团队必须具有以下几个条件才能够称为团队。

第一,团队要有共同的目标。

第二,各个成员之间要有明确的分工。

第三,要有组织领导,即要有团队领袖。

第四,团队协作。团队组建后,如何发挥 $1+1 \geq 2$ 的效果,就看领导者对团队进行运作了。

应从以下几方面着手:

1.团队需要有一个清晰明确的战略目标

战略最简单的解释为:知道以后要做什么,围绕战略设定团队的具体目标,目标是战略的具体体现,战略的制定是少数人的事情,但是战略转化为目标则需要全体团队成员共同并且是高度的参与。

现在很多的企业认为这只是领导者的事情,下面员工知不知道没有多大的关系,因此在整个过程中都是根据领导者的意愿在做,一旦战略制定后,就要求下面的人去执行,并且是无条件执行,而事实上,很多的员工对企业的战略并没有清晰的认识,更谈不上理解,在执行时,效果当然就大打折扣了。

所以,让员工清楚并且认同的团队战略和目标是保证团队目标实现的关键。

2.团队是由具有不同特征,发挥不同作用的人的组合

现在很多管理者在组建团队时,总希望由最优秀的人来组成,因此在挑选人员时,总是用很高的标准来确定人是否合格,但事实上并非如此,就比如一个球队,如果整个球队的成员都是姚明,那球队的进球效率和球队的协

同力肯定要受影响,没有必要让每个球员都成主攻,总得有副攻,防守,一传,二传,我主张团队只需要一个诸葛亮,只需要一个韩信就可以了,其余的就是能够听从韩信的命令去执行任务就可以了。

比如去攻打一个山头,如果我们派出去的全是团长,或者师长、军长,那夺取这座山头所需要的时间肯定比由一个团长＋士兵组成的队伍攻打时需要的时间长,所以在组建团队时关键要看,团队成员是否各有所长？团队成员之间是否存在较大的依赖性？每个成员能否为团队作出贡献？用标准去衡量才组建有效的队伍,能打仗,打硬仗的队伍。

3. 团队激励

团队是由个体组成的,因此要想团队有活力、有战斗力、凝聚力、向心力,就必须在恰当的时候,用适当的方式进行适量的激励。团队激励主要有物质和精神激励,在物质激励中,金钱激励与其他形式的物质激励相比所占的比例是最高的,大约30%。精神激励主要体现为情感激励,是一种更加广泛、内容更加丰富的激励方式。

根据马斯洛需求层次理论,人有生理需要、完全的需要、感情上的需要、尊重的需要、自我实现的需要,在这五种需要中,更多的人是出于生理的需要和感情上的需要,生理上的需要是人类维持自身生存的最基本要求,包括饥、渴、衣、住、行的方面的要求。

如果这些需要得不到满足,人类的生存就成了问题。在这个意义上说,生理需要是推动人们行动的最强大的动力。马斯洛认为,只有这些最基本的需要满足到维持生存所必需的程度后,其他的需要才能成为新的激励因素,而到了此时,这些已相对满足的需要也就不再成为激励因素了。

感情上的需要包括两个方面的内容。

一是友爱的需要,即人人都需要伙伴之间、同事之间的关系融洽或保持友谊和忠诚;人人都希望得到爱情,希望爱别人,也渴望接受别人的爱。

二是归属的需要,即人都有一种归属于一个群体的感情,希望成为群体中的一员,并相互关系和照顾。

感情上的需要比生理上的需要来的细致,它和一个人的生理特性、生理、教育、宗教信仰都有关系。

作为团队领袖,首先要满足员工在这两个方面的需要,尤其在满足员工情感需要的时候,可以用鼓励、赞赏、关怀员工、加强团队文化建设,活跃团队氛围等方式来实现员工对情感需要的满足。

在进行团队激励的时候,要注意以下几点:

(1)不同时期员工的需要是不同的,作为团队的主管,要根据员工的需要用合适的激励方式激励。

(2)注意对个体激励的公平、公正性。

(3)注意多种激励方式的结合,物质与精神激励的结合。

(4)激励的程度应与员工对团队所做贡献的大小匹配。

(5)激励的连续性,员工作为情感动物,是需要时刻被上级关注的,所以团队领袖在对员工激励时,要做到激励的连续性。

4. 打造学习型的团队

作为团队领袖,一定要在队伍中塑造一种学习氛围,不学则退,要想让团队始终保持活力,保持良好的精神风貌,团队每个成员自我的不断提升是非常重要的。

团队领袖可以从以下几个方面着手:

(1)率先垂范,作为领导者,必须不断学习,而且要善于学习,只有当领袖在成员中树立良好的威信的时候,成员就会在不觉中以其为榜样,鞭策自己不断提高。

(2)为员工学习提供一定的条件。

(3)开展团队学习竞赛,主要强调的是学以致用,只有把学的用到工作中去,才体现了学习的效果。不崇尚纸上谈兵。

(4)在不断总结经验,开阔新思路中提升。

5. 团队沟通

团队也会出现运作不畅的现象,而其中一个很重要的原因就是团队的沟通不足或者不充分。

存在这样一个现象,下级找上级沟通,会怕或不敢,上级找下级沟通,不耐烦。平级之间的沟通,不真实。因此作为团队领袖,要鼓励员工都发表自己的看法,要尊重员工的话语权,而不是采取否定员工的方法来影响其积极性。

6. 正确处理团队冲突

对待团队冲突要辩证地看待,不是所有的团队冲突都是一件坏事情,相反有时候团队冲突还能够激励团队向前进,团队冲突是指团队的核心价值观与员工的价值观冲突或者是团队成员之间的冲突,前者的冲突可以通过与成员之间的有效沟通,重塑团队核心价值观来实现,后者则可以对团队成员进行调整或者引进新鲜的血液,为团队注入新的动力来解决。以上一切源于这个团队的主管,首先个人要具备良好的品格,品格支持行为,一个没有良好品格的人即使个人能力再强,他也必将是个失败的人。领导力是一种艺术,身为领导要调动员工的积极性,要员工无限的自我发挥,一定要做到:任有大小,唯其所能,若器皿焉。企业领导要充分调动所有员工的积极性,让智者尽其谋,勇者尽其力。要正确认识人员管理的重要性,管理和经济两手抓。

魔力悄悄话

俗话说:得人心者得天下,如何得人心,那就是让大家在一个自由的空间里发展和生存。

合力是怎样形成的

在印度流传着这样一个故事:一次,国王问大臣:"为什么世界上只有成群的羊而没有成群的狗呢?"聪明的大臣没有正面回答国王,而是做了一个实验。快到傍晚的时候,他陪着国王来到两间屋子前,命人先将100只羊放入一间屋子,并在里面放上一些青草;又命人将100条狗放入另一间屋子里,并在屋子里放上了许多肉饼。然后将门锁好走了。次日清晨,他请国王观看两间屋子。第一间屋子里的羊们安然地睡着,那几捆青草早已被吃光了;当打开第二间屋子时,国王惊呆了,里面血腥扑鼻,许多狗已经奄奄一息,而那些肉却仍然完好地躺在食槽里。国王迫不及待地问大臣为什么? 大臣平静地说:"羊在利益面前,善于协作,而狗则钩心斗角,为利益相互残杀,可能这就是为什么世界上只有成群的羊而没有成群的狗的原因吧!"

温柔的羊似乎无论从哪方面看,都不如那些自视强大的狗,可是,正是这些温柔的羊才能够享受到美好而和谐的群居生活。故事解读:

合同是一种形式,合作是一种方案,而协作则是一种技巧和能力的综合。看来,在这个相互依赖、联系的社会上,善于协作也是一种不可忽视的力量啊!

在今天这个社会上,谁都想追求完美,然而我们的生活空间却注定是一个不完美的世界。一个重要的原因就是:我们在利益面前总是产生分歧,而不能达成一致;不能相互配合,反而相互拆台。有些时候,即使我们能够做到合同、协作,却又总会偏离方向,走上歧路,从而不能形成合力。

每个人的能力都有一定限度,善于与人合作的人,能够弥补自己能力的不足,达到自己原本达不到的目的。

清末名商胡雪岩,自己不甚读书识字,但他却从生活经验中总结出了一

团结——众人拾柴火焰高

套哲学,归纳起来就是:"花花轿子人抬人。"他善于观察人的心理,把士、农、工、商等阶层的人都拢集起来,以自己的钱业优势,与这些人协同作业。由于他长袖善舞,所以别的人也为他的行为所打动,对他产生了信任。他与漕帮协作,及时完成了粮食上交的任务。与王有龄合作,王有龄有了钱在官场上混,胡雪岩也有了机会在商场上发达。如此种种的互惠合作,使胡雪岩这样一个小学徒工变成了一个执江南半壁钱业之牛耳的巨商。

自己力量是有限的,这不单是胡雪岩的问题,也是我们每一个人的问题。但是只要有心与人合作,善假于物,那就要取人之长,补己之短。而且能互惠互利,让合作的双方都能从中受益。

每年的秋季,大雁由北向南以 V 字形状长途迁徙。雁在飞行时,V 字形的形状基本不变,但头雁却是经常替换的。头雁对雁群的飞行起着很大的作用。因为头雁在前开路,它的身体和展开的羽翼在冲破阻力时,能使它左右两边形成真空。其他的雁在它的左右两边的真空区域飞行,就等于乘坐一辆已经开动的列车,自己无须再费太大的力气克服阻力。这样,成群的雁以 V 字形飞行,就比一只雁单独飞行要省力,也就能飞得更远。

有一句名言:"帮助别人往上爬的人,会爬得最高。"如果你帮助一个孩子上了果树,你因此也就得到了你想尝到的果实,而且你越是善于帮助别人,你能尝到的果实就越多。

魔力悄悄话

人只要相互合作,也会产生类似的效果。只要你以一种开放的心态做好准备,只要你能包容他人,你就有可能在与他人的协作中实现仅凭自己的力量无法实现的理想。

对手不仅仅是敌人

有个名叫西拉斯的人,面临着想不到的危机,进退维谷,差点儿砸了全家的饭碗。

此人在一个小镇上开着杂货铺。这铺子是他爸爸传下来的。他爸爸又是从他爷爷手里接过来的。他爷爷开这铺子的时候,南北两边正在打仗。

西拉斯买卖公道,信誉很好。他的铺子对镇上的人来说,就像手足,不可缺少。西拉斯的儿子在长大,小铺子就要有新接班人了。

可是有一天,一个外乡人笑嘻嘻来拜访西拉斯,情况便变得严重了!

此人说,他想买下这铺子,请西拉斯自己作价。

西拉斯怎舍得? 即便出双倍价他也不能卖! 这铺子不光是铺子呀,这是事业,是遗产,是信誉。外乡人耸耸肩,笑嘻嘻地说:

"抱歉。我已选定街对面那幢空房子,粉刷一番,弄得富丽堂皇,再进些上好货品,卖得便宜。那时你就没生意了!"

西拉斯眼见对面空房贴出了翻新告示,一些木匠在里面锯呀刨呀,又一些漆匠爬上爬下,他心都碎了! 他无可奈何却又不无骄傲地在自家店门上贴了张告示:敝号系老店,九十五年前开张。

人们做一对比,无不在心里暗笑。

新店开业前一天,西拉斯坐在他那阴暗的店堂里想心事,他真想破口把对手臭骂一顿。

幸亏西拉斯有个好妻子。

"西拉斯,"她用低低的声音缓缓地说,"你巴不得把对面那房子放火烧了,是不是?"

"是巴不得!"西拉斯简直在咬牙切齿,"烧了有什么不好?"

"烧也没用,人家保险过。再说,这样想也缺德。"

"那你说我该怎么想?"西拉斯火冒三丈。

"你该去祝愿。"

"祝愿大火来烧?"

"你总说自己是个厚道人,西拉斯,可一碰到切身事就糊涂了。你该怎么做不很清楚吗!你应该祝愿新店开业,祝愿成功。"

"你这是脑筋出问题了吧,贝蒂。"话虽这么说,西拉斯决定去一次。

第二天早晨新店还没开门,全镇人已等在外边。大家看正门上方赫然写着"新新杂货店"几个金字,都想进去一睹为快。西拉斯也在人堆里,他快快活活,跨到台阶上大声说:

"外乡老弟,恭喜开业,祝你给全镇人添方便!"

他刚说完便吃了一惊,因为全镇人都围上来朝他欢呼,还把他举起来。大家跟他进店参观。谁都关心标价,谁都觉得很公道。那外乡老板笑嘻嘻牵着西拉斯的手,两个生意人像是老朋友。

后来,两家生意都做得兴隆,因为小镇一年年变大了,像老西拉斯的年纪。

真正要做成大事的人,总是把对手当作自己的伙伴,在竞争中提高自己的智慧和能力。你的对手不仅是敌人,也是学习的对象。向你的对手祝愿成功,携手走向辉煌。互相拆台只会两败俱伤。但是由于各种各样的原因,有的人把对手当作死敌,嫉妒对手的成功,结果用各种卑鄙的手段去攻击对手。这种做法非常不可取!

成功人生和心胸宽广有着很大的联系。一个胸怀宽广的人,很善于包容别人的缺点,很会体谅他人的难处,同时也很善于宽容他人的过错。具备了心胸宽广品质的人,适应他人应该是很容易的事儿,可如何才能让自己变得心胸宽广呢?这里涉及一个人的情商问题。

许多人认为,高智商是一个人取得成功的最为关键的因素,但一些国外权威机构的研究表明,在一个人成功的因素中,智商(IQ)只占了约20%的作用,而另外80%则决定于个人的人格因素和社会因素,也就是最近几年我们炒得沸沸扬扬的所谓的情商(EQ,即人的感情意志和人际关系等)。这一结论的提出和被大多数人所认可,打破了以前那种所谓"智商决定人终身成就"的结论。事实也的确如此,美国著名的心理学家韦克斯勒曾经对40多位获得过诺贝尔奖的科学家做过考察,结果发现他们中大多数人的智商处于中等或中等偏上。他们所取得的巨大成就并非先天决定,而是来自后天的非智力因素,即情商。

大多数渴望成功的人,往往都比较争强好胜,他们追求自己事业的完美和成功,有着强烈的忧患意识和竞争意识。当然不能说这是坏事。但是,在强手如林的竞争社会里,这种竞争意识和忧患意识很容易给人造成精神紧张,压力过大时还会导致心理失衡,甚至造成心理疾病。有人曾说过:"没有一种灾难能像心理危机那样带给人们持续而深刻的痛苦。"这话一点儿也不假。心理脆弱、人际关系紧张、精神压力过大的人纵然能力和知识超人,也难以品尝成功的喜悦。

魔力悄悄话

情商并不受先天的限制,可以随着个人的成长而增长。情商高的人,无论做什么事情,都能够以乐观积极的心态去对待,因此,这些人的生活较常人要快乐得多,他们的成功机会也大大增加了。

选择共事的人很重要

铁锅建议砂锅与它结伴旅行,砂锅委婉地说,最好还是待在炉火旁,对它来讲,哪怕稍有点磕碰或不小心,就将粉身碎骨,变成碎片一堆。"与你比,"它说,"你要比我硬朗,没有什么使你受损。"

"我可以保护你,"铁锅说,"假如有什么硬东西要碰撞你,我会将你们隔开,使你安然无恙。"

砂锅终于被铁锅说服了,就与铁锅结伴上了路。两个三条腿的家伙一瘸一拐在路上行走,稍有磕碰,两口锅就撞在了一起。砂锅难受死了,走不到百步,还没来得及抱怨,就已被它的保护者撞成了一堆碎片。

择友要选择和自己趣味相投的人,否则我们将会落得像砂锅一样的下场。有人说,择友不慎等于自杀,朋友除了要与自己趣味相投外,还要记住:"勿交恶之,不与贱人为伍;须交善友,应与上士为伍"。

对孩子的交友,父母总是很关心,甚至孩子感到这种关心是不是有点过分了。但是,你的父母现在懂得,你自己以后也会知道:我们相处密切的人对我们生活的影响比什么都大。

关于这一点,理由很多,但是最重要的一条是,我们总是以其他的人作榜样的,并以他们的言行作为我们行动的指导,而亲密的朋友其榜样作用又是最强有力的。

因此,你要考察一下你的四周,你将来的生活方式与你朋友现在的生活方式很可能是相似的。原因之一是,你自觉、不自觉地模仿你朋友的生活方式。

如果你的朋友太年轻,谈不上什么一定的生活方式,那么,就注意一下你朋友的父母吧,他们预示着你几年后的生活方式。

这种预示当然远非正确的;但是,它是你现在可能效法的生活方式中最有可能性的一种。

无论你在以后的几年中选择什么团体为伍,你的倾向、举止和观点将变得越来越像团体中的人(他们也变得越来越像你)。

例如,一个艺术专业的学生搬进一间宿舍,这间宿舍住的是学别的专业的学生,譬如说学的是自然科学,而且他们在宿舍中占主导地位。这样,那个学艺术专业的学生就会倾向于自然科学,甚至改变原有的专业去学自然科学。

假如他长期生活在这间宿舍里,他对自然科学的情感就会超过那些只跟本艺术专业交往的人。

久而久之,少数派变得像多数派了。这变化并不必然是普遍的、确定的,但是一般的倾向是如此,并且包括你也会遇到。

好些年后,你将变得越来越像你的大多数朋友了,而他们也变得更像你了。

另外一个重要的含意是:你要相当审慎地选择好你的朋友。因为这对你的行为有很大的影响,通过与那些你希望效法的人密切接触,你会朝着你自己满意的方向变化。

相反地,你交往的人是些有问题的人,你可能会发现你自己也变成有问题的人了。

假如你的朋友是一群失败者,假如他们总是违法乱纪,假如他们胖得不成样子,假如他们是穷光蛋,假如他们经常酗酒,大量吸烟,严重吸毒,假如他们在学校总是闹事,假如他们每天浪费时间看电视,假如他们试图粗鲁地解决他们的大部分问题,那么,你有可能滑到同样的坏习惯之中去。交这类朋友,你只会染上众多恶习,而不可能得到什么好处。

幸运的是,事情总有好的一面,假如你的朋友是有才能的人,假如他们学习成绩很好,假如他们体贴别人,假如他们身体很棒且体形健美,假如他们适可而止地饮酒、抽烟及服药,假如他们是幸福的,假如他们积极地参与诸如唱歌、跳舞、体操、美化环境、科学竞赛等活动,培养有益的爱好,或者工作干得很不错,那么,你也很可能积极地参加这些活动。

尽管这些意见是针对学生而提出来的,但这些因素在你整个一生都发挥作用。

不管你是 17 岁,还是 37 岁、67 岁,朋友都会对你的生活有很大的影响,特别是对你人生态度和观点影响很大。

另外，你应该懂得交朋友。最会交朋友的人常常最不需要他的朋友帮助。假如你把战友当拐杖，假如你经常依靠别人，不能自立，假如你从友谊中获得的东西多于你给予友谊的，大家就不会欢迎你参加他们的圈子。令人遗憾的是：那些只是拼命从朋友中获得东西的人朋友最少，这正如其他领域中的事情一样。

魔力悄悄话

选择共事的人是重要的。朋友的选择也是很重要的，特别是在你日后能取得什么样的成就和你将来会拥有什么样的选择机会这两方面，朋友的影响尤为重要。

认真地做事，自然地做人

有一次庄子去给一位朋友送葬，经过惠子的墓地，他不禁回过头来对跟随的人说："讲件事儿给你们听听，好不？"大家静静地听着……

有个泥水匠，他的鼻尖上沾上了一点白灰，这点白灰薄得就像苍蝇的翅膀。这样一点白灰在鼻尖上虽不碍什么事，却也不怎么雅观。泥水匠就叫他的好友木工师傅匠石替他把白灰削去。

匠石很高兴地答应了，说话间便提起斧头，用力挥起，呼地一阵风响，泥水匠站着一动不动地让匠石砍削，斧头刃口过去，鼻尖上的白灰尽数削去，鼻子却完好无损，泥水匠依然若无其事地站在那儿，脸色未变，心也没狂跳。

宋国的君主听说有这奇事儿，便召见匠石，说："请试着为我表演一次。"

匠石回答道："我确实能用斧头削掉鼻子上的石灰。虽是这样，但我所削白灰的那个朋友已离开人世，所以现在我无能为力了。"

庄子讲到这里，长叹一声说："自从惠施老先生过世以后，再也没有能和我一起深谈的人了。"

认真地做事，自然地做人；不要奢望，不要苛求。

人是有感情的，人是有个性的，正因为人的个性世界才多姿多彩。世界总会接受你，但不是每个地方都接受你，这个特定的地方，要你自己去找，去碰。不是每一个漂亮的女人，每个男人都爱；也不是每一个丑陋的男人，每个女人都不爱。奇迹总会发生的，但一般不会重复出现。这就要看口味是否对上了，机缘是否碰上了。

人生知己难得，但不可缺少朋友。而交朋结友，也不是见人就好，是人就交，而应慎交。选择朋友时要经过周密考察，要经过命运的考验，不论对其意志力还是对其理解力都应事先检验，看其是否值得依赖。此乃人生成败的关键。但世人对此很少费心。虽然多管闲事也能带来友谊，但大多数友谊则纯靠机遇。人们根据你的朋友判断你的为人。智者永远不会与愚者为伍。乐于与某人为伍，这并不表示他们已成知己。有时我们对一个人的才华并没信心，但仍能高度评价他的幽默感。有的友谊不够纯洁，但能带来快乐；有些友谊真挚，其内涵丰富，并不能孕育成功。

俗话说："过了这一村，就没了这一店。"现实生活中有时也确实如此。因此，世人无不感叹，人生得一知己足矣！

正因如此，钟子期死了，伯牙再不弹琴，因为不再有人能站在他面前，对着他悠扬、激越的琴声，说"志在高山""志在流水"了。

魔力悄悄话

一位朋友的见识比很多人的祝福可贵得多。所以朋友要精心挑选，而不应随意结交。聪明的朋友会驱散忧愁，而愚蠢的朋友只会聚集忧患。此外，若想让友谊地久天长，不要总希望你的朋友升官发财。

第三章 协作共赢

　　团队合作指的是一群有能力，有信念的人在特定的团队中，为了一个共同的目标相互支持合作奋斗的过程。它可以调动团队成员的所有资源和才智，并且会自动地驱除所有不和谐和不公正现象，同时会给予那些诚心、大公无私的奉献者适当的回报。如果团队合作是出于自觉自愿时，它必将会产生一股强大而且持久的力量。

　　珍惜我们的成功，包括通往目标路上的机会，因为我们的踏梦而行不只蕴聚着我们的汗水，还凝聚着很多身旁的人们的心血。

巧借朋友之力

越国人甲父史和公石师各有所长。甲父史善于计谋,但处事很不果断;公石师处事果断,却少有心计,常犯疏忽大意的错误。因为这两个人交情很好,所以他们经常取长补短,合谋共事。他们虽然是两个人,但好像是一个心。这两个人无论一起去干什么,总是一帆风顺。

后来,他们在一些小事上发生了冲突,吵完架后就各奔东西了。当他们各自行事的时候,都在自己的政务中屡屡失败。

一个叫密须奋的人对此深感惋惜。他哭着劝诫两人说:"你们听说过海里的水母没有? 它没有眼睛,靠虾来带路,而虾则分享着水母的食物。这二者互相依存,缺一不可。恐怕你们还没有见过双方不能分开的另一典型例子,那就是西域的二头鸟。这种鸟有两个头共长在一个身子上,但是彼此争斗,互不相容。两个鸟头饥饿的时候互相啄咬,其中的一个睡着了,另一个就往它嘴里塞毒草。如果睡梦中的鸟头咽下了毒草,两个鸟头就会一起死去。它们谁也不能从分裂中得到好处。下面我再举一个人类的例子。北方有一种肩并肩长在一起的'比肩人'。他们轮流着吃喝、交替着看东西,死一个则全死,同样是二者密不可分。现在你们两人与这种'比肩人'非常相似。你们和'比肩人'的区别仅仅在于,'比肩人'是通过形体,而你们是通过事业联系在一起的。既然你们独自处事时连连失败,为什么还不言归于好呢?"

甲父史和公石师听了密须奋的劝解,对视着会意地说:"要不是密须奋这番道理讲得好,我们还会单枪匹马受更多的挫折! 这是何苦呢!"于是,两人言归于好,重新在一起合作共事。

要想获得事业上的成功,主要有两个关键。首先,在工作中,同事之间要相互学习,取长补短。其次,在工作中,我们要讲求配合。

俗话说:孤掌难鸣、独木不成舟。一个涉入社会生活的人,必须寻求他人的帮助,借他人之力,方便自己。一个没有多少能耐的人必须这样。一个有能耐的人也必须这样。就算我们浑身都是钢,也打不了几个铆钉。何况我们大多烂泥一团,没有多少真材料。不过,"他人"只是一个泛泛的概念,有些不着边际,而且这些"他人"大多都是你的陌路人,不太熟悉的人,关系很一般的人,他们大多都不能实际地帮助你,具体地帮助你。"他人"中只有一种人能够实际地帮助你,具体地帮助你,那就是——朋友。这些贴近你的亲朋好友,总是给你各种各样的帮助。你遇有危难紧急,总是他们帮你排忧解难,渡过危急。或者当你吉星高照时,也是他们为你抬轿唱喏。朋友,是一个特定的圈子。圈子虽小,作用却难以估测。

一个人,无论在工作、事业、爱情和消闲哪方面,都离不开人与人之间的相互帮助。朋友就是如此。因为各人的能力和局限,以及人际关系所不同,而必须相互帮助。借朋友之力,正是一个人高明的地方。在自然界,也是这样,动物们相互帮助,以有利于捕猎、取暖和生殖。兽王更是利用了彼此之间的相互关系,以及在这种关系基础上建立起来的秩序和习惯,以享受最大的优越:可以吃得最多最好,可以占有最美的雌性和最年轻的雌性等等。而耍单的动物,被淘汰者居多,无论其多么凶猛强悍。如老虎、狮子、独狼等等。群居动物(相互利用了对方的长处和力量,哪怕是极微弱的力量)则容易繁衍和生存,如蚂蚁、蜜蜂、家鸡等。

借朋友之力,使用他人为自己服务,以让自己能够高居人上,这是一个人很难能可贵的地方。尤其对自己所欠缺的东西,更要多方巧借。黄巾乱世之中,刘关张邂逅相逢,桃园结义,成就了千古美名,也奠定了西蜀王朝的根基。以后三分天下,西蜀称帝。刘备始为皇帝,关张也成开国元勋,西蜀重臣。回头看看,刘关张结义之时,三人均是下层草民。刘备虽是汉室皇亲,却落得流浪街市,贩席为生。张飞只是一个屠夫,粗人。关羽杀人在逃,无处立身。三人结义后,彼此借重,相得益彰。董卓之乱时,吕布称枭雄。刘关张大战吕布,却只打成平手,可见吕布何等英雄。但吕布匹夫无助,枉自豪勇,最终被曹操所杀。而刘关张却在三国中彼此相仗,日益得势,最终立国树勋。这是借朋友之力的一个典型例子。西汉刘邦,也是一个善借朋友、他人之力者。刘邦出身低微,学无所长。文不能著书立说,武不能挥刀舞枪,但刘邦天生豪爽,善用他人,胆识无双。早年穷困不名时,他身无分文,却敢独坐上宾。押送囚徒时,居然敢私违王法,纵囚逃散。以后斩白蛇起义,云集四方豪杰,无论哪种背景的人或敌方的人,最后都为他所有。如韩信、彭越、英布,这些威震天下的悍将英雄,原先都是他的死敌项羽手下的人。至于刘邦身边的谋臣武将,如萧何、曹参、樊哙、张良等,都是他早期小圈子里的人,萧何、曹参、樊哙更是刘邦的家乡故邻,亲戚六眷。他们在刘邦楚汉争战中,劳苦功高,最终帮助刘邦建立了西汉王朝,也可以说刘邦利用他们成就了自己的帝王之业。

　　不仅帝王将相需要借他人之力(帝辇虽高,却须将帅垫托),就是平民百姓也离不开个三朋四友。这样,平时有个三长两短,紧急偶然,也有几个说话的,帮衬的,遇事方能应付。俗话说:一个好汉三个帮,一个篱笆三个桩。好汉也离不开帮手,篱笆要站稳,离不开几个桩。这都是在讲利用他人之长,借用朋友之力。

魔力悄悄话

　　一个人在社会中,如果没有朋友,没有他人的帮助,他的境况会十分糟糕。普通人如此,一个成就大事业的人更是如此。如果失去了他人的帮助,不能利用他人之力,任何事业都无从谈起。

吸引你的合作者

《祷告的手》是一幅画的名字，更是真爱的名字。

丢勒和奈斯丁是一对好朋友，都是在奋斗中的画家。由于贫穷，他们必须半工半读才能够继续学业。可因为工作占去他们许多时间，两人的画艺进步很慢。梦想的遥遥难及撕扯着两个人。困惑了良久，两个人想出一个办法，决定以抽签的方式决定，一个人工作来支持彼此的生活费，另一个人则全心学习艺术。

丢勒赢了，得以继续学习。而奈斯丁则辛勤工作，供应两个人的生活所需。不久，丢勒前往欧洲各城市学习，奈斯丁继续无怨无悔，任劳任怨地工作着，赚取着两个人的生活及奈斯丁的学习费用，守卫着自己的承诺。几年后，丢勒成功后，按照两个人当初的约定找到奈斯丁，履行支持奈斯丁学习的协议。可他发现，由于为了支持自己而辛勤工作，奈斯丁那原本优美敏感的手指已经僵硬扭曲，遭到终生的损坏，已经不能灵敏地操作画笔了。丢勒心痛如绞。奈斯丁却宽厚地笑着，他竟丝毫没有因为自己无法完成自己艺术家的梦想而难过，心中却尽是为朋友成功的兴奋。

这天，丢勒去拜访奈斯丁，发现奈斯丁正合着双手，跪在地上，安静而诚挚地为他做成功祷告。天才艺术家双眼潮湿，将朋友那双祷告的手画了下来。这幅画成为举世闻名的《祷告的手》。

每一个成就者的背后，其实都有着一双，或者更多双这样的手，值得那些取得辉煌成就的人们铭记，也值得那些没有成就的人铭记。

存在于你和合作者间的，不是利害关系，而是"友谊""相互的尊重"。

其次，不可对合作者的才能持过高的期望，或强求合作者具备他所没有的才能。

每个人都有其擅长和不擅长的部分。如果一味要求对方达到你的标准,不管对方是否有能力做到,只知要求,不知体谅感恩,甚至斥责对方、贬损对方,不但于事无补,还会使人心背离,失去优秀的合作者。

不过,如前所述,有些合作者是为了自己的利益才接近你的,对于此类伪合作者,一定要小心防范。

虽说如此,却不能因此对所有合作者都持怀疑的态度。

合作者的能力虽有高低,但对你有害的"有心人",毕竟只是少数,切莫一竿子打翻一船人。

如何才能具备吸引合作者的魅力呢?

其实一点也不难。只要学会下列三项秘诀,你就能成为别具魅力的人。

1.给予金钱的利益。切莫轻视利益的重要性,因为利益是吸引合作者助你一臂之力的要素,但是,过分重视利益也会破坏友谊的纯度。

不给对方利益,会毁损你的魅力;给太多则可能适得其反。这之间的尺度,就靠你自己去掌握。

2.满足情感的需要。所谓情感需要,主要系指友情、彼此的伙伴意识。满足对方对友情的渴求,对方自然乐意助你一臂之力。

3.提高自我重要感。在提高自我重要感方面,要明确地让对方知道,你多么需要对方的帮助,而且除了对方没有人有能力帮助你。这样能大大地满足对方的优越感,乐意为你效犬马之劳。

如能将上述三项秘诀铭记在心,你便会散发出无比的魅力,吸引优秀的合作者向你靠近,助你迈向成功之路。

魔力悄悄话

在多数的情况下,想成功,必须仰赖合作者的帮助。与你合作的人越多,你的优势就越明显,如果你又能正确地选择对你有帮助的人,成功必定指日可待。

机会常和关系形影不离

　　香港亿万富翁陈玉书,是公认的世界景泰蓝大王,其创业经历有着传奇的色彩,可以说他成为富翁的第一步,是得益于一件偶然的小事。

　　20 世纪 70 年代初,由于政治上的原因,陈玉书离开了任教的北京某中学,身上只有 50 元钱,携妻远赴香港寄身岳父"篱下",做地盘工人。

　　一天,辛劳了一个星期的陈玉书到维多利亚公园游玩,看见一位妇女将孩子抱上秋千,因为体弱无力,几次都无法将秋千荡起来。见此情景,陈玉书走上前去,加力推了一把,秋千立刻大幅度地荡起来,孩子被荡得高高的。母子俩高兴得眉飞色舞。在交谈中陈玉书得知这位太太是印尼华裔,其夫在印尼驻香港领事馆工作。

　　真是无巧不成书,在公园与那太太相遇的第五天,陈玉书遇见了另一位印尼华侨。陈玉书在与这位印尼华侨的叙谈中,无意中得知他遇到了一大困难:由于领事馆的商业签证问题遇到麻烦,一批准备运往印尼的货物迟迟不能起运,时间一天天耽误,令其十分焦急、苦恼。

　　陈玉书听完诉说,突然灵机一动,脑海里显现出公园里认识的那位太太,便毛遂自荐地表示愿意走一趟,看看能否帮上忙。

　　最终,陈玉书接过文件,带上礼物,来到那位太太的家。这位太太也看在那一臂之力的份上,将陈玉书引见给她丈夫,这位领事馆的官员了解个中原委后,没让陈玉书多费口舌,补了一些手续,便把商业签证办了。

　　朋友得知这个意外的喜讯,兴奋得不得了,当即给陈玉书 5 万块钱,充当谢礼。这 5 万元的酬金,相当于陈玉书当时工资的 10 年之和。得到这笔钱后,陈玉书把它当作资本,涉足商场。商海搏击 10 多年来,他稳扎稳打,形成特色,成为拥有 14 亿资产的世界景泰蓝大王。

　　人生处处有机会,机会常和关系形影不离。陈玉书获得成功得益于最

初的一臂之力这桩事,至少留下这样的启示:一切关系,都从零开始,帮助别人,就是帮助自己。

你发财了! 这里面凝聚了你的心血,所以你并不必对别人客气。对别人说你是"暴发户"的嘲讽,更不必理睬。

不过,你应该自知:你不是凭单独一己之力赚到钱的,持有凭一己之力便能赚大钱的想法,那是夜郎自大。

请记住这个要则:你要获得别人帮助,必先帮助别人。帮助别人愈多,未来的收获也愈多,唯有愚蠢的人才想尽方法,去奴役他人,希望他人毫无条件地为他尽力。曾经名震一时的德国史汀尼斯公司后来为何失败?就因为创办人史订尼斯先生虽然有超强的能力,组织了规模庞大的公司,但因他未训练和提拔合作者及职员,始终大权独揽,等到他死后,公司便随之而倒。

这种结局是必然的。史汀尼斯犯了一个大的错误:他自以为靠本身力量就能赚到大钱。

有位朋友发了大财。他却从不敢存这种自大的心理。

他讲了一件特别的事情。

他的办公室比入口处稍微低一点,这是他特别设计的。

这种设计的主要目的是:当客人由入口进入办公室时,他站在较低的客厅迎接他们。这是种谦虚的表示法,也是种诚意的表现。

直到现在,这位朋友经商没有失败过。这都有赖于顾客、下属、朋友等鼎力协助。所以这位朋友时时怀着感谢之心,回报大众。

有了这种想法,就有可能避免独断专行,能坦然地接受他人的批评意见。如果你树起了此类信誉,你的竞争对手会过来跟你真诚合作,而你的敌对顾客也会变成你忠实的顾客。

魔力悄悄话

个人的力量,毕竟有限。能赚大钱的人往往最知道如何借重别人的力量。当他遇到困难,非自己能解决时,就知道如何获得别人的援助,他自己决不做过于繁重的工作。知道分工合作,他只做那些别人不会做的事。

大多数人乐于帮助别人

两个人结伴外出旅游，走到一处山谷里，一个人陷入了沼泽地，他越陷越深，很快地他就只有一个头露在外面了。他的同伴听到了他的呼叫声，"我就要死了！我就要死了！"同伴回头，吃了一惊，连忙转过身，说："不要急！快！快！快把手伸给我！"他向陷在泥潭里的人大声呼喊："我一定能把你救上来！"可是那个人依然在那里狂叫："我就要死了，我就要死了！""把你的手伸给我！我就能帮你！我就会把你救上来的！"上面的人焦急而耐心地重复了一遍又一遍。"我临死怎么还能欠你一个人情呢！你还是不要帮助我了吧！"泥沼下的人仍旧没有伸出他的手，悲惨的事情发生了，当他的同伴把这个消息带给死者的家人时，他说："如果他把他的手伸给我就好了，但是他说不想欠我人情！"老人听后号啕大哭："他真傻啊！人活世上哪有不求人的时候呢？……"

多数人乐于帮助别人，更多的时候，他们希望能给别人帮助，在这个过程中实现自己的价值，证明自己是个有利于别人的人。

很多朋友都是开始于求助，发展于帮助，最后以建立深厚友谊而圆满结局的。人活在世上，哪有不求人的？这也许是老人大半生的经验所得。

所有人都需要别人的帮助，但是不到万不得已没有人喜欢请求别人的帮助。也许是害怕欠下人情债，有朝一日还需要自己偿还；也许是害怕给别人添麻烦。但是，事实上，从人性的弱点看来，更多的时候，人们希望能给别人帮助，证明自己是个重要的人。因此，你也不必独自硬撑着困难，必要的时候，轻松说出："可以帮帮我吗？"这非但不会损害你的人际关系，反而有利于增加交往的机会。

有这样一个故事。哥哥在城市工作，弟弟在乡下种地。哥哥收入丰厚，常常明里暗中帮助弟弟，后来弟弟凭借着勤劳和智慧创办了一家企业。当了老板的他计划万事不求人,但有一天还是忍不住对哥哥说:"虽然我现在什么都不缺,但是我还是有件事要求你……我求求你,你求求我吧!我求你求我吧……"之所以讲这个故事,只是想说明,其实每个人都渴望在帮助他人的过程中证明自己,找到一种成就感。问问你自己,当别人向你请教某个问题,或者需要你给予帮助的时候,你的内心深处是不是激荡着欣喜和些许的得意?"别人向我求助,一定是我身上具有某种能力,能够解决他的问题,一定是我的某些品质让他信任我!一定是我有某些潜力让他对我有所期待……"几乎每个人会这样思考,求助实际上是对求助对象一种变相的赞美和认可。

学生请教老师,是因为老师的博学;下属遇到麻烦,转向上司,是因为上司的权力和决策能力;行人迷路求助于交警,是因为交警的热心和对路况了如指掌;当你出现意外,求助于某个朋友,是因为他有解决相关问题的能力,或者是因为他的友好和耐心……

总之,没有无缘无故的求助,任何一个求助的背后都包含着求助者对求助对象的信任、期望和认可。因此,大多数人在被要求给予帮助的时候总是愿意尽心尽力,所以,不必担心你的求助会引起别人的反感,尽管说出"你可以帮帮我吗?"这句话。只要你的要求不过分,不让对方觉得为难,别人会乐于帮助你的,甚至以帮助你为荣。

"可以帮帮我吗?"这句话把别人供奉在比你高的位置,别人自然会喜欢。被帮助的人充满了感激,帮助别人的人充满了成就感,而且在帮助的过程中,你和他为了解决同一个问题而共同努力,相互鼓励,增加了接触的机会,加深了彼此的印象,增进了双方的感情。

魔力悄悄话

事实上,很多朋友都是开始于求助,发展于帮助,最后以建立深厚友谊而圆满结局的。小说中常有美女求救于英雄,"无以为报,以身相许"的情节,最后往往成就一段美好姻缘。那么无疑,必要的时候,对别人说:"可以帮帮我吗?"向别人求助,自然会带给自己好人缘。

为什么会失去我们的朋友

夏天的一个雨季,山洪暴发,洪水将要淹没一个村落。教堂里有一个神父正在跪着祈祷,洪水已经漫到他的膝盖。救生员驾着舢板来到教堂,对神父说:"神父,赶快上来吧! 不然洪水会把你淹死的!"神父说:"不! 我深信上帝会来救我,你先去救别人好了。"

过了不久,洪水已经淹过神父的胸口了,神父只好勉强站在祭坛上。这时,有一个警察开着快艇过来,对神父说:"神父,快上来,不然你真的会被淹死的!"神父说:"不,我要守住我的教堂,我相信上帝一定会来救我的。你还是先去救别人好了。"

又过了一会儿,洪水已经把整个教堂淹没了,神父只好紧紧抓住教堂顶端的十字架。一架直升机缓缓飞过来,飞行员丢下了绳梯之后大叫:"神父,快上来,这是最后的机会了,我们可不愿意见到你被洪水淹死!"神父还是意志坚定地说:"不,我要守住我的教堂! 上帝一定会来救我的。你还是先去救别人好了。上帝会与我同在!"洪水滚滚而来,固执的神父终于被淹死了……

神父上了天堂,见到上帝后很生气地问:"主啊,我终生奉献自己,兢兢业业地侍奉您,您为什么不肯救我?"上帝说:"我怎么不肯救你? 第一次,我派了舢板来救你,你不要,我以为你担心舢板危险;第二次,我又派一只快艇去,你还是不要;第三次,我派了一架直升机去救你,结果你还是不愿意接受。所以我以为,你是急着想要回到我的身边来陪我……"

凡是参与某件成功事业的人,都是我们的伙伴和朋友,跟我们息息相关。可是我们却常常有意无意间失去了朋友。要知道,损失一个朋友像损失一条胳臂;时间可使创口的痛苦减除,但失去的永不能补偿,失去一位好友是相当遗憾的一件事。

我们务必要深深地检讨:为什么会失去我们的朋友呢?

可能是他们发现了我们的缺点多得使他们吃惊,错误大得使他们无法容忍,虽然他们再三规劝,可是我们仍然是我行我素,丝毫没有改过的意思,他们在失望之余,悄然离开了。当我们发觉时,已经失去了一位朋友。

知道吗?那些私下忠告我们,指出我们错误的人,才是真正的朋友。因为他们为我们着想,才甘冒不韪,希望我们改善无法立足于社会的缺点。这样的朋友,我们应该紧紧抓住,好好地跟他相处,多从他们那里得到忠言。

但是,所谓"忠言逆耳",大多数人的耳朵是听不进刺耳忠言的。它最喜欢听到阿谀、赞美,最高兴戴高帽,分不清是真是假,陶醉在美丽的谎言中。一听到刺耳的真心话,便认为这个朋友故意揭他的疮疤、有意跟他过不去,嘴里不说,心里不服,渐渐躲避那个朋友了。

请转换一个角度想想,假如我们有这样一个朋友:他喜欢说谎,不守信用,很多朋友都对他的缺点感到不满。我们怕他如此下去,会失去很多朋友,而陷于孤立。于是基于一片好心,诚诚恳恳地劝告他,希望他知道自己的过失,下决心改过。我们把他当作自己的亲兄弟般,怀着"人溺己溺,人饥己饥"的心里,苦口婆心地去规劝他。

尽管我们说得非常诚恳,非常得体,但一语道破他的痛处,一下子触着他的疮疤,他是会感到很痛苦的。如果他能够忍着痛楚,立下决心改过,我们会很高兴。因为我们的劝告发生了作用,使一个不守信用的朋友变好,如同老父亲看见浪子回头般,既难过又欢喜。

反过来,假如我们的朋友对我们的劝告感到不满,认为我们是存心揭他的疮疤,因而态度恶劣,出言不逊,相信我们会难过得勃然而起,拂袖而去。同理,我们如果用这种态度去对待敢于规劝我们的朋友时,我们等于是"自绝于人",从此失掉一位好友了。

魔力悄悄话

遇到困难或危险时,我们应该首先想到的是自救,如果有人帮忙的话,我们应该大方地接受别人的帮忙,不要太固执。

你的不信任会让你失去很多

有两个人结伴横穿沙漠,水喝完了。由于天气干燥,沙漠中又没水喝,其中一个中暑生病,不能行动。剩下这个健康而又饥饿的人对同伴说:"我亲爱的朋友,我们现在已经没水喝了,你在这里等着,我去寻找水源。"

临走前,他把枪塞在同伴的手里说:"枪里有五颗子弹,记住,三个小时后,每小时对空中鸣一枪。听到枪声,我会找到正确的方向,然后与你会合。"

两人分手以后,一个充满信心地去找水源,一个满腹狐疑地躺在沙漠里等待。他眼睛盯着表,按时鸣枪。除了自己以外,他很难相信还会有人听见枪声。他的恐惧越来越深。一会儿他认为那个同伴可能找水失败,也许中途渴死。一会儿他又相信同伴找到水,弃他而去,不再回来。

到应该鸣第五枪的时候,这人悲愤地思量:"这是最后一颗子弹了,伙伴早已听不见我的枪声,等到这颗子弹用过之后,我还有什么依靠呢?我只有等死而已。而且,在一息尚存之际,秃鹰会啄瞎我的眼睛,那是多么痛苦的事啊,还不如……"他用枪口对准自己的太阳穴,扣动了扳机。

可是几分钟后,那提着满壶清水的同伴领着一队骆驼商旅循声而至。他们见到的只是一具尸体。

有时候,由于我们对自己及他人或者乃至整个社会存在着这样那样的不信任,才使我们失去了许多本该得到的东西。

苏联卫国战争时期,在远离城市、人烟稀少的西伯利亚关押着一群被流放的罪犯。有一次,看守他们的人在迫不得已的情况下,决定派两名剽悍又有胆量的犯过抢劫罪的人,携带一笔巨款到千里之外去完成一项紧急而又非常重要的任务。当时,在决策会中有不少的争议,因为没有其他办法,最后只好决定这样做了。

两名犯人当时做梦也没有想到，会把这么重要的任务托付给自己，并且还配给了马匹和枪支。他俩为了不辜负这超乎寻常的信任，冒着肆虐风雪的袭击，凶残猛兽的围追，在极其险恶的环境里足足挣扎了一个多月，其中一人因饥饿和寒冷而死去，另一个人在完成了任务时已奄奄一息。

可见，信任具有多么强大的力量。一个人只有被他人充分理解、信任之后，才能最大限度地发挥自己的能力，甚至会创造奇迹。

不难看出，"德高容乃大，无私天地宽"。一些历史人物在信人、用人上不计前嫌，敢于坚持正确的见解，不怕得罪人，是值得我们称道的。然而我们身边的有些人，却宁肯愿意相信自己，也不愿轻易信任他人。这一方面是因为有些人确实很难让人信任，但更多的时候原因在于我们自身。有一个异国的故事也许更值得我们思考。

从前有一个猎人，养了一条很忠实的狗，一天他外出打猎时，把狗留在家里看护自己年幼的儿子。等他回来后，发现儿子不见了，那条狗却满嘴是血，猎人顿时火起，认为是狗把儿子吃掉了，便一枪把狗打死了。这时，儿子从床底下钻出来告诉父亲，有一条大蟒蛇要吃自己，是狗把蟒蛇赶跑了。猎人后悔不已，为了纪念那条忠实的狗，特意修建一座塔，据说那塔至今还矗立在印度的加尔各答。

猎人因为缺乏信任，失去了一条忠实的狗。想想我们自己，是否曾经因为缺乏信任，而失去过人才、友谊、爱情和一些成功的机会呢？

魔力悄悄话

信任一个人，往往需要有宽宏博大的胸怀和高尚的品德。齐桓公未登上王位时，管仲曾向他射过一箭，结下了生死之怨。而齐桓公登上王位后，经鲍叔牙举荐，任命管仲为卿。

信任而不是猜疑

莎士比亚著名的悲剧《奥赛罗》中有一个悲惨的爱情故事。

奥赛罗，一个在威尼斯军队里服役的黑人，他骁勇善战，在和土耳其的浴血奋战中屡次建立了赫赫战功，因此，他被提拔为将军。

奥赛罗性情耿直，粗犷豪放，元老勃拉班修的女儿苔丝德梦娜对他颇有好感，很快就爱上了他。温柔美貌的苔丝德梦娜不顾父亲和社会舆论的反对，和出身低微的奥赛罗结婚，婚后生活美满，非常幸福。

但是好景不长，奥赛罗部下有一位军官名叫伊阿古，阴险的伊阿古一心想除掉奥赛罗，先前就曾经向元老告密，不料却促成了两人的婚事。现在奥赛罗结婚了，他又心生一计，开始挑拨奥赛罗与苔丝德梦娜之间的感情。

这个阴险的小人想方设法伪造了一些假象，然后告诉奥赛罗，另一名副将凯西奥与苔丝德梦娜关系不同寻常，并出示了所谓的"定情信物"。奥赛罗开始了猜疑，最后他也觉得似乎真的有那么一回事。最后，奥赛罗信以为真，认为妻子背叛了自己，他越想越气愤，在愤怒中掐死了自己的妻子。

可是，等到他弄清楚事情的真相后，一切都已经晚了。奥赛罗后悔莫及，伤痛不已，最终他拔剑自刎，倒在了苔丝德梦娜的身边。

猜疑如同霜雪，能让春意盎然的友谊之花颓然萎缩。

猜疑足以酿造让世人捶胸顿足的悲剧，伤害自己原本应该最信任、最亲近的人。等到人们幡然省悟，意识到猜疑的危害的时候，一切都已经晚了。伊阿古是个卑鄙奸诈的人，而这种人并不是只出现于书中，在我们的生活中，也有他们潜藏的痕迹。只要有这样的人存在，就会有类似的悲剧发生，或者是友谊的伤害，或者是爱情和婚姻的破裂。

产生猜疑大概有以下几个方面的原因：

我在你心中排第几？"猜疑"，"猜疑"，乃是由猜测疑问引发而来。我把他当作我最好的朋友,而他会不会把我当作他最好的朋友呢? 猜来猜去,答案无从知晓,怀疑便产生了,信任便消失了。

我不应该排第一吗? 有的人妄自尊大,觉得自己比任何人都要聪明,朋友没有理由不把自己放在最重要的位置。在这种人眼里朋友是附庸,需要服从自己。如果一旦发现朋友还有别的朋友,或者没有对自己言听计从,猜疑就产生了:"他是不是对我怀有二心呢?"

难道他真的没有把我排第一? 这是典型的受到挑拨后的怀疑。生活中不乏奸佞小人出于某些不可告人的目的,从中作梗,离间别人和朋友、爱人之间的感情。很多人出于"不怕一万,就怕万一"的心理会权且相信,甚至有的头脑简单,轻信谣言是非。要知道,信任就像一道帷幕,徐徐拉到两边之后,悲剧就开始上演。

如何消除猜疑,培养信任?

首先要真正了解友情的真谛,既不要独占友情也不要觉得别人是自己的附庸,以一颗平等和宽容的心去对待身边的人,那就是给予最大的信任。

不要轻信别人的谣言,不要妄下评论,等弄清楚了事实的真相再做冷静的决定。

信任就是阳光,它能消除人们脸上的"冬色"! 而猜疑如同霜雪,能让春意盎然的友谊之花颓然萎缩。

魔力悄悄话

人与人之间最可贵的是信任,最有害的东西是猜疑。也许是因为可贵,信任似乎很难做到,而猜疑的心理不仅容易产生,而且杀伤力也非常大。

第四章
协作的意义

　　实现目标需要一定的资源,包括人力、财力、物力等方面。但在目标实施过程中,往往会出现某一部门资源不足的情况,如人力不足,或设备不足等。

　　这就需要其他部门从全局观念出发,给予必要的支援,互通有无,互相帮助,为着实现共同的目标开展协作。

　　团队的核心是共同奉献。这种共同奉献需要一个成员能够为之信服的目标。只有切实可行而又具有挑战意义的目标,才能激发团队的工作动力和奉献精神,为了实现目标注入无穷无尽的能量。

合作的重要性

俗话说得好："团结就是力量"，在我们的日常生活中只有合作才能有更大的力量，才能顺利轻松地到达成功的彼岸。

在学习中，我们肯定会遇到许多的困难和挫折，当我们做题时，费尽了脑汁也无法找到做题的思路，这时候，如果仍然独自琢磨是很难做出的，我们就只好请教别人，也许通过他的耐心讲解加上你的认真分析会很快地找出思路，顺利地做出这道难题。虽然这件事在我们的学习中随处可见，见得多了也就不会在意，但是这个过程其实也是一个合作。因为如果单靠一方的努力是不行的，只有讲者和听者合作了，才能产生效果，所以，在这小小的事情当中合作也起着重要作用。

我们知道，一只蚂蚁的力量是很小的，它只能搬动一些小的可以吃的东西，但如果碰到了稍大的东西，凭借它的自身条件搬走它是极不可能的，这时候，蚂蚁是不会放弃的，它会把这个东西放在那里，然后去寻找自己的同伴来帮忙，一个蚂蚁的力量是小的，两个也是微不足道的，但是三个、四个……多了就能显出力量之大，它们会一起努力，直至把食物搬到洞口，这时，蚂蚁会面临另一个问题，那就是这么大的东西怎么才能让它进入这么狭小的洞口里呢？它们就会把这个东西一"人"一"口"地咬掉，然后一点点地送进去，看着来来回回在洞口忙碌穿梭的蚂蚁，再看看那食物由大变小，由小变大时，此刻，我们能想到的就是"团结就是力量"，食物之所以能被它们运进洞里，是因为它们合作了，经过它们的合作才有了成功。合作对我们太重要了，我们一定不能小看它，合作，会给我们带来成功，带来进步，带来发展……

反观我们日常生活，人们在共同完成某项任务或目标时总喜欢说："合作愉快！"这说明合作具有一种互相认同、接纳和目标一致，情感态度与诚信的结合，一种价值的体现，而且只有"合作愉快"才能更好地完成共同任务。

虽然在合作的过程中总是有可能遇上某些人为因素或者自然因素的影响，但合作者们总体上是希望"合作愉快"的。

此外，若从法律上讲，合作可能是多方的，至少是双方的，合作的主体是独立平等的，有自己的权利与责任。如果离开了权利，就无所谓责任，甚至会逃避责任，反之亦然，这是合作的必要条件。

所以，合作可以理解为：为了共同的目的或任务，合作主体的相互认同、接纳，各自的独立性和责任感的共同构成。

由此，我们就可以把合作学习初步定义为：合作学习是教育者与学习者之间，学习者之间为了完成共同的学习目标或任务，其合作者之间具有相互认同、接纳、独立平等和诚信的合作。

魔力悄悄话

合作，一种极为普通的行为，我们在做任何事情的时候，都应该记住这句话：只有合作，才能进步；只有合作，才能发展。

协作与不协作的结果

第一个团队的故事是这样的："一个和尚挑水喝,两个和尚抬水喝,三个和尚没水喝。"第二个团队的故事是这样的："一只蚂蚁来搬米,搬来搬去搬不起,两只蚂蚁来搬米,身体晃来又晃去,三只蚂蚁来搬米,轻轻抬着进洞里。"上面有两个团队、两种说法、两种截然不同的结果。"三个和尚"是一个团体,可是他们没水喝是因为互相推诿,不讲协作。"三只蚂蚁来搬米"之所以能"轻轻抬着进洞里",正是团结协作的结果。团队合作的力量是很强大的,团结的力量一旦被开发,团队将创造出不可思议的奇迹。

当今社会,随着知识经济时代的到来,各种知识、技术不断推陈出新,竞争日趋紧张激烈,社会需求越来越多样化,使人们在工作学习中所面临的情况和环境极其复杂。在很多情况下,单靠个人能力已很难完全处理各种错综复杂的问题并采取切实高效的行动。所有这些都需要人们组成团体,并要求组织成员之间进一步桶互依赖,相互关联,共同合作,建立合作团队米解决错综复杂的问题,并进行必要的行动协调,开发团队应变能力和持续的创新能力,依靠团队合作的力量创造奇迹。

既然团队合作精神有那么大的力量,接下来我们就了解下什么是团队合作吧。团队不仅强调个人的工作成果,更强调团队的整体业绩:团队所依赖的不仅是集体讨论和决策以及信息共享和标准强化,它强调通过成员的共同贡献,能够得到实实存在的集体成果,这个集体成果超过成员个人业绩的总和,即团队大于各部分之和。

所以团队合作精神是一种为达到既定目标所显现出来的自愿合作和协同努力的精神。它可以调动团队成员的所有资源和才智,并且会自动地驱除所有不和谐和不公正现象,同时会给予那些诚心,大公无私的奉献者适当的回报。如果团队合作是出于自觉自愿时,它必将会产生一股强大而且持久的力量。

团结——众人拾柴火焰高

团队合作往往能激发出团体不可思议的潜力，集体协作干出的成果往往能超过成员个人业绩的总和。正所谓"同心山成玉，协力土变金"。红军长征胜利是中国革命史上，乃至世界军事史上的一次奇迹。创造这个奇迹的红军战士和整支红军队伍就是有一个为天下所有贫苦人民打天下的共同目标。而且他们都不畏艰险，相互帮助，共同合作充分发挥了团队合作的力量。他们是一个优秀的团队，在共同协作下不仅走出了困境还为革命的胜利打下基础。所以成功需要克难攻坚的精神，更需要团结协作的合力。

一个团体，如果组织涣散，人心浮动，人人自行其是，甚至搞"窝里斗"，何来生机与活力？又何谈干事创业？在一个缺乏凝聚力的环境里，个人再有雄心壮志，再有聪明才智，也不可能得到充分发挥！只有懂得团结协作才能克服重重困难，甚至创造奇迹。

下面我们再看一个例子。狼是群动之族，攻击目标既定，群狼起而攻之。头狼号令之前，群狼各就其位，各司其职，嚎声起伏而互为呼应，默契配合，有序而不乱。头狼昂首一呼，则主攻者奋勇向前，佯攻者避实就虚而后动，后备者厉声而嚎以壮其威……独狼并不强大，但当狼以集体力量出现在攻击目标之前，却表现强大的攻击力。在狼成功捕猎过程的众多因素中，严密有序的集体组织和高效的团队协作是其中最明显和最重要的因素。由此可见团队合作精神的重要性。其实团队精神的重要性，在于个人，团体力量的体现，小溪只能泛起破碎的浪花，百川纳海才能激发惊涛骇浪，个人与团队关系就如小溪与大海。每个人都要将自己融入集体，才能充分发挥个人的作用。团队精神的核心就是协同合作。

魔力悄悄话

团队精神对任何一个组织来讲都是不可缺少的精髓。否则就如同一盘散沙，一根筷子容易弯，十根筷子折不断……这就是团队精神重要性力量的直观表现，这也是我理解的团队精神，也是团队精神重要之所在。

合作型性格更易成功

俗话说:"三个臭皮匠,顶一个诸葛亮。"一个人的能力终究是有限的,要完成一件工作,一定是大家分工协作,互相配合的结果,善于合作者正是掌握了这一简单法则才使自己走向成功。

合作型性格的特点:善于与人沟通、合作。一般说来这种性格的人大多性格比较温和,既不过分保守。也不过分激进。所以,他们总是能够听取各方面的意见,并且虚心接纳,以吸取其中的有价值的东西。他们之所以能够取得令人瞩目的成绩,其原因即在于此。

任何人都应该学会待人接物、结交朋友的方法,以便互相提携、互相促进、互相借鉴,否则,单枪匹马是难以成功的。

钢铁大王卡耐基曾经亲自预先写好他自己的墓志铭:长眠于此地的人懂得在他开拓事业的过程中起用比他更优秀的人。

大部分美国人都有一种特长,就是善于观察别人,并能够吸引一批才识过人的良朋好友来合作,激发共同的力量。这是美国成功者最重要的,也是最宝贵的经验。

任何人如果想成为一个企业的领袖,或者想在事业上获得巨大的成功,首要的条件就是要有一种鉴别人的眼光,能够识别出他人的优点,并让他的优点得到充分的发挥。一位著名的商界人物、也是银行界的领袖曾说过:他的成功得益于鉴别人才的眼力。这种眼力使得他能把每一个职员都安排在恰当的位置上,而从来没有出现过差错。不仅如此,他还努力使员工们知道他们所担任的责任对于整个事业的重大意义。这样一来,这些员工无需上司的监督就能把事情处理得很圆满了。

但是。鉴别人才的眼力并非人人都有。许多经营大事业失败的人都是因为他们缺乏识别人才的眼力所致,他们常常把工作分派给不恰当的人去做。他们本身尽管工作非常努力,但他们常常对能力平庸的人委以重任,却反而冷落了那些具有真才实学的人，使他们埋没在角落里。

其实，他们一点都不明白，一个所谓的人才，并不是能把每件事情都做得很好，并且样样精通的人，而是能在某一方面做得特别出色的人。比如说，对于一个会写文章的人，他们便认为他是一个人才，认为他管理起人来也一定不差。但事实是，一个人能否做一个合格的管理人员，与他是否会写文章是毫无关系的。他必须在分配资源、制订计划、安排工作、组织控制等方面有专门的技能，但这些技能并不是一个善写文章的人就一定具备的。

世上成千上万的经商失败者，大都把许多不适宜的工作加到雇员的肩上后，再也不去管他们是否能够胜任，是否感到愉快。

一个善于用人、善于安排工作的人很少在管理的问题上出麻烦。他对于每个雇员的特长都了解得很清楚，也能够尽力把他们安排在最恰当的位置上。但那些不善于管理的人总是会忽略这些重要的方面，而专门在那些鸡毛蒜皮的小事上大做文章，这样的人当然要失败。

很多精明能干的总经理、大主管坐在办公室的时间很少，常常在外旅行或出去打球，而他们公司的营业却丝毫未受不利的影响。公司的业务仍像时钟的发条机制一样有条不紊地进行着。那么，他们是如何管理的呢？他们有什么管理秘诀呢？如果有的话，那只有一条：把恰当的工作分配给恰当的人。

美国三大汽车公司：通用、福特、克莱斯勒，它们垄断了美国的汽车工业。最初，福特汽车的市场占有率为45%，远居首位。但从20世纪30年代起，通用汽车的市场占有率超过了福特汽车。到1983年，通用汽车公司成为世界第二大工业公司，年营业额为746亿美元，净利37.3亿美元。这一年，福特汽车公司排在世界第五大工业公司的位置上，年营业额444.6亿美元，净利18.7亿美元。克莱斯勒公司更在它们之后。

福特汽车公司自1903年由亨利·福特创立后，不到10年时间便成为了世界汽车大王，福特牌汽车风行全球。通用汽车公司于1908年在美国新泽西州创立，但一直落后于福特汽车公司。后来怎么会大大赶超了福特汽车公司呢？原因是多方面的，最突出的一点是通用汽车公司后来起用的决策者处事开明，能兼听各方面的建议，特别关注反对的意见。

通用汽车公司自从由斯隆任总裁之后，在经营决策上采取广泛听取部属的各种建议和反面意见。斯隆认为,像"通用"这样的大公司,若把所有问题的决策集中于少数领导人身上,不仅使他们终日忙于事务,无暇考虑公司的方针、政策,而且还会局限各级人员的创造精神。他要求各级人员要加强责任心,对任何决策和谋略大胆地各抒己见。他还言明这样做的目的绝非有损领导层的尊严,反之可防止和避免决策的重大失误。

有一次,斯隆主持讨论一项新的经营方案,参加会议的各部门负责人对这项新方案没有提出任何相反意见。最后斯隆总裁说:"诸位先生看来都完全同意这项决策了,是吗?"与会者都点头表示同意。斯隆却突然严肃地说:"现在我宣布会议结束,这次会议讨论的问题延到下次会议再行讨论。但我希望下次会议能听到相反的意见,这样,我们才能全面地了解这项决策的利弊。"

通用汽车公司的领导者正是因为在各项主要经营决策前善于听取各种建议和意见,便于对各种方案作出比较判断,从中选择最佳的方案,同时公司也做到有备无患,万一发生差错。也可随时采取新对策。正是由于发挥这一招的作用,使"通用"牌汽车在生产、设计、营销管理等各方面处于领先地位,以使美国其他汽车公司望尘莫及。

这就好比是一个球队,要想比赛取得最终的胜利,必然是大家团结协作,共同努力的结果。

因为个人的力量毕竟是有限的,即使他再有能力也不可能独揽一切。善于与人合作的人,可以更好地弥补自己各方面的不足,使自己尽快地走向成功。

魔力悄悄话

我们每一个人在社会的大舞台上都充当着一个角色,无论你从事什么职业,要想取得成功,都离不开别人的帮助。单独一个人想达到事业的顶峰是不可能的事情。

团结协作利人又利己

在远古洪荒之际,上帝创造了天地日月光明和人类。随着人类的增多,上帝开始担忧,他深知人类偷吃了伊甸园的果子,怕人类的不团结,会造成世界大乱,从而影响了世界的长治久安。为了检验人类之间是否具备团结协作、互助互帮的意识,上帝做了一个试验。

他把人类分为两批,在每批人的面前都放了一大堆可口美味的食物,但是,却给每个人发了一双细长的筷子,要求他们在规定的时间内,把桌上的食物全部吃完,并不许有任何的浪费。比赛开始了,第一批人各自为政,只顾拼命地用筷子夹取食物往自己的嘴里送,但因筷子太长,总是无法够到自己的嘴,而且因为你争我抢,造成了食物极大的浪费,上帝看到后很失望。

轮到第二批人类了,他们一上来并没有急着要用筷子往自己的嘴里送食物,而是大家一起围坐成了一个圆圈,先用自己的筷子夹取食物送到坐在自己对面的人嘴里,然后,由坐在自己对面的人用筷子夹取食物送到自己的嘴里,就这样,每个人都在规定时间内吃到了食物,并丝毫没有造成浪费。第二批人不仅仅享受了美味,从此,还获得了更多彼此的信任和好感。上帝看了,点了点头,由此看到了希望。

但世界总是不完美的,于是,上帝为第一批人类的背后贴上五个字,叫"利己不利人";而在第二批人的背后贴上另外五个字,叫"利人又利己!"

魔力悄悄话

个人的力量毕竟是有限的,只有善于与人合作的人,可以更好地弥补自己各方面的不足,使自己尽快地走向成功。

真正的强者讲究双赢

有三只老鼠结伴去偷油喝,可是油缸非常深,油在缸底,它们只能闻到油的香味,根本喝不到油,它们很焦急,最后终于想出了一个很棒的办法,就是一只咬着另一只的尾巴,吊下缸底去喝油,他们取得一致的共识:大家轮流喝油,有福同享,谁也不能独自享用。第一只老鼠最先吊下去喝油,它在缸底想:"油只有这么一点点,大家轮流喝多不过瘾,今天算我运气好,不如自己喝个痛快。"夹在中间的第二个老鼠也在想:"下面的油没多少,万一让第一只老鼠把油喝光了,我岂不是要喝西北风吗?我干吗这么辛苦地吊在中间让第一只老鼠独自享受呢?我看还是把它放了,干脆自己跳下去喝个痛快?"第三只老鼠则在上面想:"油是那么少,等它们两个吃饱喝足,哪里还有我的份,倒不如趁这个时候把它们放了,自己跳到缸底喝个饱。"于是第二只老鼠狠心地松口放了第一只老鼠的尾巴,第三只老鼠也迅速松口放了第二只老鼠的尾巴。它们争先恐后地跳到缸底,浑身湿透,一副狼狈不堪的样子,加上脚滑缸深,它们再也逃不出油缸。

魔力悄悄话

三只老鼠表面上是在一起合作了,可它们彼此各怀心事,这样的合作宁愿没有的好。单打独斗,只考虑自己的利益很难成功,真正的强者讲究双赢,追求团队合作。

善于合作好处多

每个人的能力都有一定限度,善于与人合作的人,能够弥补自己能力的不足。达到自己达不到的目的。

清末名商胡雪岩,自己不甚读书识字,但他却从生活经验中总结出了一套哲学,归纳起来就是:"花花轿子人抬人。"他善于观察人的心理,把士、农、工商等阶层的人都拢集起来,以自己的钱业优势,与这些人协同作业。由于他长袖善舞,所以别的人也为他的行为所打动,对他产生了信任。他与漕帮协作,及时完成了粮食上交的任务。与王有龄合作,王有龄有厂钱在官场上混,胡雪岩也有了机会在商场上发达。如此种种的互惠合作,使胡雪岩这样一个小学徒工变成了一个执江南半壁钱业之牛耳的巨商。

自己力量有限,这不单是胡雪岩的问题,也是我们每一个人的问题。但是只要有心与人合作,善假于物,那就要取人之长,避己之短。而且能互惠互利,让合作的双方都能从中受益。

每年的秋季,大雁由北向南以 V 字形状长途迁徙。雁在飞行时,V 字形的形状基本不变,但头雁却是经常替换的。头雁对雁群的飞行起着很大的作用。因为头雁在前开路,它的身体和展开的羽翼在冲破阻力时,能使它左右两边形成真空。其他的雁在它的左右两边的真空区域飞行,就等于乘坐一辆已经开动的列车,自己无需再费太大的力气克服阻力。这样。成群的雁以 V 字形飞行,就比一只雁单独飞行要省力,也就能飞得更远。

人只要相互合作,也会产生类似的效果。只要你以一种开放的心态做好准备,只要你能包容他人,你就有可能在与他人的协作中实现仅凭自己的力量无法实现的理想。

有人说众人携手能做出更大的蛋糕。但是有些年轻人却信奉另外的一种哲学。他们认为财富总是有一定的限度,你有了,我就没有了。这是一种享受财富的哲学而不是一种创造财富的哲学。财富创造固然是为了分享

的,但是我们的注意力并不在这里,我们更关注的是财富的创造。

同样大的一块蛋糕,分的人越多,自然每个人分到的就越少。如果斤斤计较,我们就会相信享受财富的哲学,我们就会去争抢食物。但是如果我们是在联手制作蛋糕,那么,只要蛋糕能不断地往大处做,我们就不会为眼下分到的蛋糕大小而备感不平了。因为我们知道,蛋糕还在不断做大,眼前少一块儿,随后还可以再弥补过来。而且,只要联合起来,把蛋糕做大了,根本不用发愁能否分到蛋糕。

过去农村闭塞,获取财富极端困难。老百姓家中难得有一桌一椅一床一盆一罐。所以那时农村分家是件很困难的事情。兄弟姊娌间为了一个小罐、一张小凳子,便会恶语相向,乃至大打出手。这是一种典型的分财哲学。

后来人们走出来了,兄弟姊妹都往城里跑,财富积累越来越多。回过头来,发现各自留在家里的亲眷根本犯不着为一些鸡毛蒜皮儿的事生气。相反,嫂子留在家里,属于弟弟的地不妨代种一下,父母留在家里,小孙子小外孙也不妨照看一下。相互帮助,尽量解除出门在外的人的后顾之忧。反过来,出门人也会感谢老家亲戚的互相体谅和帮助。一种新的哲学也就诞生了,这种哲学就是:你好,我也好,合作起来更好。

遗憾的是,有些大学毕业生,大概是在校园待久了,居然信奉这样的哲学:必须践踏别人,糟蹋别人,利用别人。还有一些学生,自己拥有的资源不愿意与人分享,反过来,又想利用别人的资源,又不好意思张口。这样的一种心态是一种大的障碍,绝对不利于个人的成就与发展。

与人携手,把蛋糕做得更大一些。这样的话,你还发愁没得吃吗?

魔力悄悄话

只要有心与人合作,善假于物,那就要取人之长,避己之短。而且能互惠互利,让合作的双方都能从中受益。

善协作才能品尝到成功的果实

在很古老的时候,有一只锦鸡,一只兔,一只猴和一头象,它们结拜为兄弟。

锦鸡因为能飞,有一次飞上了三十三重天,衔来了一颗果树种籽。这种籽是万年生长,一年四季都结果子的。

它们当中兔子最有心计,知道这种籽的贵重,就首先动手把种籽种在地上。猴子知道这树会结果,就天天替它上肥。大象也想吃果子,就天天用鼻子从河里汲水来浇灌。

由于大家照料,树一天天地长大了,很快就结果了。

锦鸡从树尖飞过,看见果子成熟了,心想:"我带来的种子结果了。我的功劳可不小啊!现在该我享受了"于是,它天天飞上树,在树上慢慢地啄食这果子。

猴子是可以上树的,它想吃就爬上树,不想吃就爬下来。

象的个子很大,就用它的长鼻子卷着树枝吃果子。

这中间最吃亏的就是兔子。它爬不上树,只有在树下扑打纵跳,望着香气扑鼻的果子,翘尾巴,舔嘴唇。

树,一天天长高了,连有长鼻子的象也吃不到果子了,于是,它们开始有了争吵。

象和兔一齐向锦鸡和猴子嚷着:"这太不公平,树长高了,只有你们两个吃得到,要知道我们也曾经出过力啊!"

兔更不满意说:"是的,真的是很不公平,我一直吃不到果子,只吃了几片落下来的树叶。"

但是锦鸡和猴子只顾自己吃,不理它们。它们没有办法,就找了一个聪明的人帮助它们评理。聪明人说:"你们四个先不要争,天底下原来没有这种果树,你们先说这果树是从哪里来的?是怎样生长的?你们告诉了我,我就可以帮你们想出调解的办法来。"

锦鸡说："聪明人啊，正如你所说，这树天底下本来没有，是我从三十三重天上衔来的种子生长出来的，我的功劳最大，难道不是吗？"

兔子说："虽然锦鸡衔来了种子，但它不知道该怎么办，是我想到把它种到地里，因此才有了这棵树。可我却一直吃不到果子，只能吃到偶尔落下来的几片叶子。你说公平吗？"

猴子说："虽然有了种子，有人种下地，但我上肥的功劳可不小啊！这树原来只有一根细草那样大，要不是我天天上肥，它怎么能活呢？"

象说："虽然有了种子，有人种地，有人上肥，但是，天旱了这么久，我每天都用鼻子从河里运水来浇它，它才生长起来的。我也有功劳啊！"

聪明人说："照这样说，你们每个人都对这树出过力，每人都该吃到这果子。你们与其这样争吵，不如大家一起想能吃到果子的办法。因为只有这样，才不致伤害你们之间的感情，而且又能让这棵树结更多的果实。"

它们觉得这话很有道理，于是就一起商量。终于商量出一个办法，规定大家摘果子要一起摘，让象站下边，象背上站猴子，猴子背上站兔子，兔背上站锦鸡，然后锦鸡摘下果子交给兔，兔交给猴，猴交给象，果子摘好了，大家一起吃。

自从想出这个办法以后，它们就不再争吵了，而且使这棵树长得更好，果子也结得更多了。

这就是常被描绘在藏族地区墙壁上的那幅五色彩画，名叫"锦鸡、兔、猴、象吃果图"。它教给人们知道团结和尊重他人劳动的道理。新的方法出台前后，对于吃果的不同反映形成了鲜明的对比，一种是自私自利的散乱状态。大家都没得吃：一种是团结一致的协调组合，大家都能吃。人们常说"三个臭皮匠合成一个诸葛亮"，意思在于揭示团结就是力量，团结起来，众志成城，合理组合，才能取得胜利。前提就是目标一致，彼此谦让，共同进步，以战略的眼光看待问题。

美国加利福尼亚大学的学者做了这样一个实验：把6只猴子分别关在3间空房子里，每间两只，房子里分别放着一定数量的食物，但放的位置高度不一样。第一间房子的食物就放在地上，第二间房子的食物分别从易到难

团结——众人拾柴火焰高

悬挂在不同高度的适当位置上，第三间房子的食物悬挂在房顶。

数日后。他们发现第一间房子的猴子一死一伤，伤的缺了耳朵断了腿，奄奄一息。第三间房子的猴子也死了。只有第二间房子的猴子活得好好的。

究其原因，第一间房子的两只猴子一进房间就看到了地上的食物，于是，为了争夺唾手可得的食物而大动干戈，结果伤的伤，死的死，第三间房子的猴子虽做了努力，但因食物太高，难度过大，够不着，被活活饿死了。只有第二间房子的两只猴子先是各自凭着自己的本能蹦跳取食。最后，随着悬挂食物高度的增加，难度增大，两只猴子只有协作才能取得食物。于是，一只猴子托起另一只猴子跳起取食。这样，每天都能取得够吃的食物，很好地活了下来。

魔力悄悄话

只有真正体现出个体能力与水平，发挥个体的能动性和智慧，才能使团队间相互协作，共渡难关。团队合作的前提是让每一个人都感觉到团队的业绩与自己息息相关，他是执行者，而非旁观者。

第五章 协作中的竞争问题

在制订目标时,既不要好高骛远,又不要妄自菲薄,要结合社会的实际与个人的条件,将长远目标与近期目标有机地结合起来。

脚踏实地一步一个脚印地去做,只有这样才有助于"理想我"的最终实现。

随着经济的迅猛发展,个人之间、群体之间的竞争都呈现越来越激烈的态势。与此同时,人们对合作的要求也越来越多,合作也越来越紧密。既竞争又合作,在竞争中合作,在合作中发展,成为我们这个时代的特点。

一般竞争的类型及特点

生活中的竞争分为很多种,大致有如下几种。

评优竞争:评选先进典型、模范人物、重在评出优秀,有示范作用、促进作用;具有先进性,参评对象有相比性,没有对立性;有群众参与评议。

选拔竞争:竞技比赛,招聘选拔人才,提拔干部;重在选拔人才,即按同一标准选拔;入选者名次具有唯一性;选拔对象竞争而不对立;一般没有群众参与评议。

比学赶帮竞争:集体中的个体比学赶帮,相互学习,先进帮助落后,落后学习并努力追赶先进;重在比较,目的是促进整体进步;没有对立性和排他性。

以上 3 种竞争是青少年朋友比较常见的。

创新超越竞争:发明高新科技,创新改革措施,超越先进,敢为人先;弃旧立新,新旧对立但不对抗,有时能共存;没有对立性和排他性。

建功立业竞争:个人在本职、本岗建功立业,自觉努力争先,创业绩,比贡献;有竞争意识,但不公开比试高低,是隐形竞争;没有对立性和排他性。

生死存亡竞争:战役决战,战场争斗;有排他性和不可调和的对立性,目的是压倒以至消灭对方。

魔力悄悄话

事物都是相互比较而存在的,相互竞争而发展的。无论个人、还是群体,竞争与合作都是为了生存与发展,除生死存亡竞争之外,大都是在共存中竞争与合作,不是对立的和不可调和的。

一般合作的类型与特点

求同存异式的合作：

重在求同，不计相异，容许个性存在和发展，以求共性合作，旨在为共同利益而共同合作。

优势互补式的合作：

各自发挥优势，相互利用，取长补短，以求共同发展，双方互补。

资源共享式的合作：

各自的人力、物力、财力，为双方共用共享，最大限度地发挥效益，双方互利。

共事合作：

领导群体或合作共事的双方或多方。

合作对象：

上下级合作、同级分工合作、相关部门合作（三类）。

合作工作关系：

平行、交叉、含容、从属（四种）。

合作原则：

你中有我，我中有你，你借我势，我助你力。

合作策略：

沟通理解，协调步调，化解矛盾。

人际关系：

互相爱护，互相关心，互相帮助。

专题或全面合作：

即时组合，专题攻关；或长期联合，全面合作。同心协力，目的明确，分工负责，相互支持。

行业或集团合作：

行业或集团联合。有行业或集团合作规则,有保护同业或集团利益的政策,有各自责任和义务。

地域或部门合作:

为特定目的,同一地理环境、同一归属部门之间的专门合作。

亲情关系合作:

重在情感纽带相连,达到默契、同一,利弊皆有(应兼顾法、理、情)。

魔力悄悄话

有竞争才能激发动力、增强活力,促使不敢稍许懈怠,不断推进科技进步,改善经营管理、降低成本,提高质量,增加效益。

公平竞争，真诚合作

事物都是相互比较而存在的，相互竞争而发展的。无论个人、还是群体，竞争与合作都是为了生存与发展，除生死存亡竞争之外，大都是在共存中竞争与合作，不是对立的和不可调和的。因此，我们主张公平的积极的独立竞争和平等的真诚的互利的合作。这样，才能把竞争与合作作为动力，促进事物发展，实现自我价值和群体价值，我们要参与竞争，更要加强合作。

不少青少年甚至成年人认为，竞争就是你死我活，竞争就不能有合作。竞争双方似乎注定是利益截然对立的"冤家"对头。其实，换一种思路看，情况并不一定是这样。拿有争议的名人名事故地等旅游资源的开发利用来说，双方何不来个"不同而和"、资源共享、联合开发、共同发展呢？如果双方联手，你把游客送到我这里，我把游客送到你那里，岂不是双赢？而且，游客也学会了比较、增长了见识。当时，我在南阳、襄阳之行前，是通过"臣本布衣，躬耕南阳""我本是卧龙岗散淡的人"等文献，把诸葛亮、卧龙岗和隆中连成一条直线的。及至亲临其境，方知卧龙岗在南阳，而隆中则在襄阳。如果不是南阳同志的盛情与大度：我也不会增加这方面知识。

社会主义市场经济不能没有竞争。有竞争才能激发动力、增强活力，促使不敢稍许懈怠，不断推进科技进步，改善经营管理、降低成本，提高质量，增加效益。建设和发展也不能没有合作。有合作才能优势互补、取长补短、收拢五指、攥紧拳头、形成合力。马克思说得好，协作不仅可提高个人的生产力，并且是"创造一种生产力"，产生一加一大于二的神奇效果。聪明的人不但要积极与伙伴合作，也要勇于与竞争对手合作并从中获益。

如今。国外发达国家越来越多的大公司通过组建联盟参与全球竞争，竞争之中有合作，合作之中有竞争，这是对传统的竞争理念和模式的超越，是适应形势发展的必然选择。我国也有一些企业开始提出并实践这一理念，实践证明，过去那种仅仅把同行看成是"冤家"，认为有竞争就不能有合作的观点是片面的、有害的,它往往造成不必要的摩擦、内耗及浪费。而把竞争与合作结合起来,既竞争又合作,就能突破孤军奋战的局限,把自身优势与其他企业的优势结合起来,把双方的长处最大限度地发挥出来,既提高自己也提高别人的竞争力,实现双赢或多赢。

魔力悄悄话

　　团结就是力量,联合就有优势。愿人们更明智地处理竞争与合作的关系,在积极竞争的同时,发扬光大团结协作精神。公平竞争,真诚合作,这样,才能把我们的事业发展壮大,越办越好。

竞争与合作的关系

竞争和合作都是社会存在与发展的必要条件。所谓竞争,是指个人或群体在一定范围内为谋求他们共同需要的资源而进行比较、追赶和争胜的过程;而合作则是个人或群体为谋求共同的目的彼此配合的社会行为。

但要判断竞争与合作哪一个更能使文明进步,则要在理论与事实上判断何者更能推进现代社会的发展和刺激个人积极性的发挥,以实现人民共同的目标。**从现代社会的发展趋势来看。社会在新陈代谢的竞争中实现,文明在挑战与应战的循环中发展。经济增长作为竞争性的发展过程,导致组织与组织、国家与国家之间竞争力的变换,你追我赶的发展竞争可使落后成为先进,社会就是遵循这种永恒的竞争法则走向现代,走向未来。**

从现实效率与公平的目标看。对个人而言,竞争的前提是人人都有机会参与竞争,其结果必然是优胜劣汰,这就保证社会公平;竞争的过程就是各尽其能,按劳取酬,这又激励了个人积极性的发挥。

从竞争与合作的内在关系看,竞争是绝对的,合作是相对的。合作以竞争为前提。竞争的压力往往促使人们为了获得更多的资源寻求合作,但合作伙伴的构成与合作策略的确定就必须通过选择,而合作的目的也无非是将每个成员的力量整合为团体的竞争力。

魔力悄悄话

现代社会的存在与发展为竞争提供了良性的社会规则,是竞争在合理有序的条件下顺利进行,从而充分实现其功能。当今时代,竞争不仅是对时代的要求,更是对人性的挑战,让我们直接面对这个竞争的时代吧!

竞争与团结协作是统一的

古代日本的有经验的渔夫发现,一群被打捞的懒惰的沙丁鱼,很快会因为静止不动而死亡。如果将几条中天敌的鲇鱼放入沙丁鱼,由于鲇鱼在追杀沙丁鱼,给沙丁鱼带来一种危机感,它们奋力游动,从而避免了由于窒息而亡。这便是有名的"鲇鱼效应"。

无独有偶,同样的趣事也发生在别的动物之中。

国外有一家森林公园,曾经养殖了几百只梅花鹿。

尽管环境幽静,水草丰美,加之工作人员精心照顾,又没有天敌猎杀它们,而几年以后,鹿群非但没有发展,反而病的病,死的死,竟然出现了负增长。

后来经专家建议,他们买回几只狼放置在公园里,在狼的追赶捕食下,鹿群只得紧张地奔跑以逃命。

这样一来,除了那些老弱病残者被狼捕食外,其他鹿的体质日益增强,数量也迅速地增长着。

人天生有种惰性,没有竞争就会固步不前,习惯躺在功劳簿上睡大觉。竞争对手就是追赶梅花鹿的狼,时刻让梅花鹿清楚狼的位置和同伴的位置。跑在前面的梅花鹿可以得到更好的食物,跑在最后的梅花鹿就成了狼的食物。按照竞争规则,"头鹿"获得更好的生存,而"末鹿"被吃掉、被淘汰。

竞争不是你死我活,而是与对手合作,共存共荣,这就是竞争与合作的最佳结果。

因此说,竞争与合作又是统一的。一般地说,竞争(除生死存亡竞争之外)要求合作。

竞争促进合作。从事物的存在与发展的过程看,更多的是彼此共存,相互依赖。

合作产生竞争,合作孕育着新的竞争。只有善于合作,借势助力,才能在合作中发展自己,才能增强参与新的竞争的实力,竞争和合作都是促进事物发展的动力。

台湾广告界有句名言:"与其被国际化,不如去国际化。"

这说的都是一个道理。

魔力悄悄话

"商场上没有永远的朋友,也没有永远的敌人"。这蕴含哲理的名言揭示了竞争与合作的辩证关系,竞争不排斥合作。

竞争的规律

美国商人们中有句名言："如果你不能战胜对手,就加入他们中间去。"现代竞争,不再是你死我活,而是更高层次的竞争与合作,共存共荣。

那么,在现代社会中参与竞争,我们应该遵守哪些规律呢?

1. 克制妒忌的危害

在竞争中,妒忌表现为使用不正当手段打倒实力比自己强的人,或讲别人坏话,不让对手超过自己。竞争的第一忌就是妒忌。

在现实生活中,经常发生一些能力较差,却受了重用的人,这不值得气愤与妒忌,应该客观公正地去评价,不能把社会生活中的一切利害关系夹带进去,带上个人感情色彩。这样才能得出正确结论。

2. 竞争中提高心理素质

有竞争就有强弱之分,弱者必须承受得住失败的打击。你在这次竞争中失败了,并不说明你在将来的竞争中注定也要失败;你在这方面的竞争中失败了,并不说明你事事不如人。

你要克服自卑心理,选好努力的方向,下决心追赶上去才对。自暴自弃的思想要不得。另外,失败者由于败北容易产生忌恨和报复的心理,所以必须学会心态稳定。

3. 提高自信心

人人都有成功的机会,人的一生中充满了各种竞赛和竞争,成功有先后,胜利会迟早,社会总是前进的,所以每个人都应以乐观向上的态度投入竞争;竞争之中保持良好的合作,强盛之后不忘提携幼弱同胞,切不可争一日之长短而有损于自己的素质与品德。

有这样一句话值得借鉴："事业上的竞争与做人是不矛盾的,良好的品格修养只会在竞争上有利于你。"

如果对竞争做一个层次划分,最下一层的竞争是为了自己的利益,不择

手段,哪怕置别人于死地也不顾;中层的竞争是我不会采用卑劣的手段,但我也不想管你的事,你走你的石板路,我走我的独木桥;上层的竞争是指向互赢的,他们知道追求事业也好,走进生活也罢,没有永远的赢家,只有永远的合作,一个聪明的人在竞争的时候,应该把一种高尚的生活哲学传达给对方,走共同发展的道路。

魔力悄悄话

　　天高任鸟飞,海阔凭鱼跃。让我们走向竞争天地,在"百舸争流"中超越自我,完善自我。

竞争与合作的关系

竞争与合作的辩证关系到底如何？

竞争和合作构成人生和社会生存和发展的两股力量。

（1）竞争中有合作，合作中有竞争，竞争与合作是统一的，是相互渗透，相辅相成的。

（2）竞争是有层次的。小到个人与个人之间的竞争，大到国与国之间的竞争。竞争层次的客观性决定了无论何种竞争都离不开合作，竞争的基础都在于合作。

（3）竞争和合作是辩证统一的。没有合作的竞争，是孤单的竞争，孤单的竞争是无力量的。合作是为了更好的竞争，合作愈好，力量愈强，自然成功的可能性就愈大。

竞争与合作作为一对范畴是辩证统一的关系。所谓辩证统一就是相互渗透，相互作用。所以对竞争与合作的理解要以对马克思主义基本原理的理解为基础。

那么，在竞争与合作中，如何正确处理两者之间的关系呢？

（1）处理好个人与集体的关系。

（2）处理好自己和他人的关系。

（3）处理好主角和配角的关系。

任何竞争与合作，归根到底都离不开个人的努力。

没有个人努力的集体，是缺乏生机活力的松散集体；没有集体价值导向的个人努力是各行其是、力量内耗的个人努力；这都限制了个人积极性的发挥程度，又可能使个人努力背离集体利益而误入歧途。因此要正确处理好个人和集体的关系。

事实上，无论是竞争还是合作，都要处理好自己与他人的关系。要会欣赏别人，发现别人的长处，虚心地向别人学习，才能在竞争中超过别人。也只有这样才能愉快地接纳别人,才会获得别人的好感,找到合作伙伴,在合作中成功。所以,要处理好自己与他人的关系。主角要担任主要责任,充分调动配角的个人积极性;配角要胸怀大局,密切配合,当好配角。

魔力悄悄话

那种互不服气、斤斤计较个人得失的思想是很有害的。以整体利益为重,以工作为重,才能成功,所以,要处理好主角与配角的关系。

人与自然的竞争与合作

现代社会是一个竞争与合作的社会,现代人不但应具备竞争意识,更应具备合作意识,一方面要保持独立的个性意识,自强、自立。另一方面,更要有集体观念和团队精神及可持续发展的战略眼光。此外,人类与自然,人类与社会之间做到共存、共荣、共同积极地营造一个融洽和谐的竞争环境的意识,从而更好地发挥个体的智慧和创造力,加速个人的人生进取和团体的事业成功,最终实现社会经济发展和人口、资源、环境相协调。

在人类共有的这个生存环境中,资源是有限的和共享的,所以人与自然之间的和谐相处是人类社会进步发展的必然选择。淹没在漫漫黄沙之下的美索不达米亚平原和楼兰古国在警示人们:不尊重自然,违背客观规律,必然遭到自然界的"报复"。

我国是矿业大国,矿业开采、经济增长不能以浪费资源、破坏环境和牺牲子孙后代利益为代价。我们"需要金山银山,更要绿水青山",在发展过程中不仅要尊重经济规律,还要尊重自然规律,充分考虑资源、环境的承载能力,加强对土地、水、森林、矿产等自然资源的合理开发利用,保护生态环境,促进人与自然相和谐,实现可持续发展。

在矿业发展中,我们要坚决禁止无序开采、破坏自然的做法,坚决摒弃先破坏后治理、边治理边破坏的做法,就是贯彻落实科学发展观,谋求人与自然和谐相处的实际行动。

所以,我们在这样一个新的时代应该学会做到:不但要积极与伙伴合作,也要勇于与竞争对手合作并从中获益;现代竞争,不再是"你死我活",而是更高层次的竞争与合作,现代企业追求的不再是"单赢",而是"双赢"和"多赢"。

马克思说得好,协作不仅可提高个人的生产力,而且是"创造一种生产力",产生一加一大于二的神奇效果。

美国可口可乐公司与百事可乐公司曾为了争市场而展开了长达半个世纪的激烈竞争,可他们的竞争是"未必要打倒敌人"。当大家对百事可乐与可口可乐之战兴趣盎然时,双方都是赢家,饮料大战引起了全球消费者对可乐的关注,大家都来喝可乐。可乐大战给人们的启迪是,并非只有"消灭"对手,才是促进自身发展的唯一途径。在有些情况下,接受对手的存在并善待对手,也同样能够促进自身的发展。

魔力悄悄话

竞争中需要合作,竞争与合作既对立,又统一。二者相互渗透,相辅相成。竞争不能忘合作,没有合作的竞争算不上是积极向上的竞争。只有既竞争又合作,我们的事业才能取得成功,经济才能繁荣,社会才能走向生产发展、生活富裕、生态良好的文明发展道路。

培养你的竞争对手

在秘鲁的国家级森林公园,生活着一只年轻的美洲虎。

由于美洲虎是一种濒临灭绝的珍稀动物,全世界当时仅存 17 只,所以为了很好地保护这只珍稀的老虎,秘鲁人在公园中专门辟出一块近 20 平方千米的森林作为虎园。

然而,让人感到奇怪的是它并未王者之气十足地纵横于雄山大川,啸傲于莽莽丛林,甚至未见它像模像样地吼上几嗓子。人们经常看到的是它整天待在装有空调的虎房里,或打着盹儿或耷拉着脑袋,睡了吃,吃了睡,一副无精打采的熊样。

后来,管理员们从别的动物园引进了几只美洲豹投入这个虎园。这一招果然奏效,自从美洲豹进了虎园的那天,这只美洲虎就再也躺不住了。

它每天不是站在高高的山顶愤怒地咆哮,就是有如飓风般俯冲下山岗,或者在丛林的边缘地带警觉地巡视和游荡。老虎那种刚烈威猛、霸气十足的本性被重新唤醒。

它又成了一只真正的老虎,成了这片广阔的虎园里真正意义上的森林之王。

一种动物如果没有对手,就会变得死气沉沉。同样的,一个人如果没有对手,那他就会甘于平庸,养成惰性,最终导致庸碌无为。一个群体如果没有对手,就会因为相互依赖的潜移默化而丧失活力,丧失生机。

美洲虎因为有了美洲豹这样的对手,才重新找回了逝去的光荣。有了对手,才会有危机感,才会有竞争力。

有了对手,你便不得不奋发图强,不得不革故鼎新,不得不锐意进取。否则,就只有等着被吞并,被替代,被淘汰。

许多的人都把对手视为是心腹大患,是异己,是眼中钉、肉中刺,恨不得马上除之而后快。

其实只要反过来仔细一想，便会发现拥有一个强劲的对手，反而倒是一种福分，一种造化。因为一个强劲的对手，会让你时刻有种危机四伏的感觉，它会激发你更加旺盛的精神和斗志。

魔力悄悄话

善待你的对手吧！千万别把他当成"敌人"，而应该把他当作是你的一剂强心针，一个推进器，一个加力挡，一条警策鞭。善待你的对手吧！因为他的存在，你才会永远做一只威风凛凛的"美洲虎"。

评价他人须客观

"看人"是"待人"的前提。倘若连看都看不准,还谈什么正确相待呢?人是社会的人,看准谈何容易,旧时不就有"知人知面不知心"之说么!其实,"不知心"怎能说"知人"呢?

青年人刚刚踏入社会,看人往往失之偏颇,表面化、绝对化、感情化便是其主要表现。当然,这些毛病并非青年人所独占的,不少都是"占已有之"的。

比如,表面化,或"以衣取人",或"以貌取人"或"以言取人",样样都有。当初,刘邦"不好儒",对知识分子很反感,甚至对于"衣儒衣"、"冠儒冠"的来者都拒绝接待,有的还被他当众侮辱一番。

有鉴于此,"儒生"郦食其说自己是"高阳酒徒",才见到刘邦,他说:"夫足下欲兴天下之大事而成天下之大功,而以目皮相,恐失天下之能士。"幸好刘邦听了他的话,改掉了"以目皮相"的毛病,后来终于令贤人能士纷纷来归,共襄汉代帝业。

三国时的庞统,人称"凤雏先生",是与诸葛亮齐名的人物,但由于其貌不扬。"浓眉掀鼻,黑面短髯,形容古怪"而屡遭冷遇,孙权不用他,刘备开始只让他当来阳县令。

刘备后来听了"特派员"张飞的报告,才克服了"以貌取人"的毛病,改封其为副军师中郎将。

"真正的牧马人"曲啸,在一次报告中曾谈到过这么一件事:有一年,他从成都坐火车到北京,一上车,碰到一男一女两个青年人,打扮时髦,言谈举止也很时髦,搂搂抱抱,打打闹闹。

他觉得"有点太过分了"，"不像话"。后来，火车到了一个车站，洪水把桥冲塌了，旁边山上掉下一块房子大的石头，正好砸到前面的车厢上，伤了不少人。

这当儿，车厢的门都关上了，打不开，那个小伙子却打开窗户，蹦下去了，帮着列车员、乘警把受伤的旅客抬到一间小房子里。末了，小伙子又从窗子里爬了进来，手上还有血污。曲啸说："这一路他给我的印象是'不像话'，而遇到特殊情况时，他却能冲上去，表现出他思想内在的闪光点。于是，我又感到他了不起。"一个小伙子，集"不像话"与"了不起"于一身，不是挺有意思么！

人是活的，是一个综合体，有形形色色的点和面。这些都是由一个人的生活环境、经历、性格、年龄等因素合在一起起作用的。这些因素优劣交错、千差万别，人与人之间各不相同，也无须相同，"千人一面"就不成其为社会了。所以，人都是长短互见、优劣共存的，而且，在一定的条件下，都会向相反的方面转化，大可不必"攻其一点，不及其余"，"一好百好"也不科学。

表与里的关系是辩证的，不观表无以察里，要察里必须观表。夏伯阳，原是一个游击习气极浓的旧式军人，酗酒、骂人、厌恶思想政治工作，屡屡冷落甚至戏弄党组织派去的政委，但他骁勇善战，指挥有方，临危不乱，体贴士兵，后来终于摒弃旧习，成为苏联的民族英雄。光盯着夏伯阳的过去，能正确对待夏伯阳么？

看人，尤其是看青年人，要有发展的眼光，即使眼前毛病多一点，也没有什么可大惊小怪的。关键在于我们正确地看待他们，热情地帮助他们，晓之以理，动之以情，疏之以道，导之以标。

古希腊唯物主义哲学家德谟克里特说："不要对一切人都以不信任的眼光看待"。对暂时处于先进分子行列之外的人，尤其如此。青年盛其顺，原是个"比挣钱""吃亏的事决不干"的人，后在老山前线血与火的战场上，"比战绩，比贡献。我不认为自己残废了就是吃亏"。

从他的话和行为来看，前后简直判若两人！这同解放军不用"不信任的眼光"看待他是分不开的。倘若把他看"死"，非但成不了一等功臣，恐怕连上战场的份儿都没有。客观看待他人，团结一切可以团结的力量，就是具有这么神奇的力量。

"不要以不信任的眼光看待人",一要看到别人的优点、长处,予以充分肯定:二要对他的不足之处。提出诚挚的批评,帮助他改正,并相信他能够改正。"人要完人",是不信任的症结所在。

美国作家霍蔡在短篇小说《胎记》中写了这样一位科学家,他的妻子如花似玉,婀娜多姿,但他从她脸上挑出了一个从娘胎里带来的特殊的很小的嫣红斑痕,尽管"无碍观瞻",但他认为它破坏了美色的魅力,要"把面颊改善到十全十美得毫无瑕疵",他研制了药水让妻子外用,内服。当斑痕最后褪尽时,美人也呜呼哀哉了。这个故事是很发人深省的。

魔力悄悄话

青年人团结协作最忌感情用事,讲"哥儿们义气",弄得是非不分,因为不会看人,甚至同流合污。所以,青年人特别要学会客观看人,这不仅可以很好地与别人相处或者合作,而且有利于自己的成长。

无谓的争论不利于协作

"永远避免当面冲突"。几年前 A 君在一个宴会中得到一个宝贵的教训。

罗君在美国得博士学位回来,有一晚 A 君被邀请参加一个部门里欢迎罗君的宴会。席间坐在 A 君旁边的一位同事讲了一段自编的笑话,引用了一句成语。

这位来宾说是圣经上的成语,他错了。A 君知道这句成语的来历,由于自己的高贵感便想表现得比他知识丰富,乃毫不客气的纠正他。他勃然大怒:"什么?那句话出自莎士比亚,真是笑话。"坐在另一旁的 A 君的老板高先生,他对莎翁的著作是很有研究的。

因此 A 君和那位来宾都同意把这个问题请教高先生;高先生听了原委,在桌下暗暗碰了 A 君一下说:"A 兄你错了,这位先生是对的,这是出自圣经上的。"

宴会出席后在回家的途中,A 君对高先生说:"说实在的,那句成语是莎翁所说的。"

"是的,在莎翁的《哈姆雷特》那本书的第五幕第二节上,但是你知道我们是一个盛大宴会上的客人,团结、友爱、和谐的气氛很重要,你又何必去证明一个人的错,那样会使他喜欢你吗?何不让他自己保全面子?他并未问你的意见,何必同他争辩?永远避免当面的冲突。"他这样回答 A 君。

"永远避免当面的冲突",说这话的人虽已死,但是给人们的教训却仍存在。

十有九次,辩论终了之后,每个参与辩论的人,都比以前更坚信他是绝对正确的。

你无法从辩论中得胜,你也不可能胜,因为如果你失败了,你就是失败,反之你得胜了,你还是失败的,为什么呢? 因为假如你胜过对方,将他的理由击败,并证明他是错误的,然后怎么样? 你觉得高兴,但是对方呢? 你使他觉得低弱,你伤了他的自尊心,他会恨你,而作为反对你的胜利,而且——"一个被违反自己的意见说服之后,必仍然固执着他本来的意见。"

日本有一家人寿保险公司,为职员订下了一条规则:"不要跟顾客辩论。"真正的推销术,不是辩论,亦不是近似辩论的,人的思想绝不是可以那样的改变的。

从争辩所获得的胜利,没有什么益处,而且又破坏了双方的情谊。争辩不仅使个人的精神、时间、身体、都蒙受了莫大的损失,而最大的可怕影响,却在社会关系上,因争辩而发生不合作的现象。社会减少了合作能力,进步自然也有了限制,就是许多国际间的纠纷,以至战争的爆发,大多数都由于琐屑事情的争辩所造成的。

喜欢争辩的人,表示他是自尊自主的。避免跟人争辩的最聪明的方法,就是同意对方的主张,不必管他的意见是如何可笑,如何愚笨,如何浅薄,用礼貌回答他,你无条件地赞成他的意见,佩服他的见识和聪明。以后你立刻避开他。在不必要的时候,你不要跟他交往。

你要获得胜利,唯一的方法是避免争辩。你抱着不抵抗主义,让向你进攻的人自动地停止他的策略,让你的精神保持着,不能耗费于无用的争辩中。不但避免普通的争辩是可能的,想要避免有目的进攻的争辩挑战,也同样有可能。你的心目中只需记住:用宽容解仇,仇可立即解除;以仇易仇,仇可更深。

牛会生蛋吗? 你不妨这样想过:哦,有这样的事吗? 只是我的见识太浅,并不曾有过这种经验。

如你发觉他的来意是挑战,那么,你应该平静地回答:是韵,牛会生蛋,我不怀疑,不过我却不曾见过生蛋的牛。这不是可以从争辩中可以获得的。你听了一件认为不是真理的理论,你尽可让它给命运去支配,他的话语,他的幼稚,让自然去揭发他。

以争辩阐明真理,那是没用的,而且这错误是在于你的了。林肯总统劝诫他的下属说:"你们的工作,难道不够繁忙吗? 为什么还有多余的时间去与人们争辩呢? 况且相互争辩,总是得不偿失。"

举个例子来说:我们去和毒蛇争一条路,究竟是不是值得呢? 我觉得你应该立即让开它,否则,你如果被它咬上一口后,虽然你立刻把它打死了。但是,你已经得不偿失。自己生命将受威胁。

一般所谓讨论,是由理智为出发点,而争辩完全属于情感的。你在和人家讨论以前,你得先考虑一下,这件事是否有讨论的必要,对方是不是可以民主讨论的人,倘使你认为是可能的。那么,你便叙述你的意见,但是希望你会注意这几点:①问句必须清晰明确;②叙述简单;③用语流利简洁;④语句动听。双方的讨论,万一有涉及义气或感情的时候,你应立即停止,就是对方要与你争辩不休的时候,你也应当坚决地终止这项讨论的问题,因为感情的冲动,争吵会一发而不可收,你要保持情谊,那么不如暂时牺牲一下个人的主张。反正真理总是不可泯灭的,你应当有理智,深深体味这句话。

有的时候,争辩是不可避免的。在争辩的时候,大家几乎忘了理智,单纯是受着感情的支配,每个人心灵中,都会发出下列的感情冲动:你是笨蛋,你以为你聪明,你根本是无知,你的知识太浅,经验不足,你经常受骗上当,从不肯认错,你是固执的家伙,你只知道无理取闹,或是强词夺理,但老实说。争辩的时候,双方只是在闹脾气,绝对没有理智,任凭意气用事,任凭气愤感情冲动,甚至可以牺牲多年的友谊。

要记住,争辩时的心灵表现,实在已经超越了常态。而这种感情的表现,却是有害处而没有一点益处的。许多聪明的人,他知道争吵无益,于是用各种聪明的方法来解决和对方的争辩。他用一种开玩笑的方式,使争辩变成胡闹,使大家都一笑置之。

以开玩笑的方式,是对付争辩的聪明方法,“你说的话,都是真理,只有一点,我觉得……”“当然我明白你完全正确,可是还有一层……”“你的意见和我完全相同,不过有一点小地方……”

“我承认你完全是对的,可是要说服大众,却……”“你所发表的意见,我完全同意,只是如能在小节上再加以考虑……”因为争辩就是争胜,你要让对方感到高兴,不失面子。

争辩会剧烈地继续下去的主要原因就是步步进逼,使对方恼羞成怒,那么争辩的场合,一定剧烈得不堪收拾。

如果辩论不能完全避免的话,有许多时候,我们为了正义,为了利益,不惜举行热烈舌战,而且必须坚持到底,使对方对于你的意见,完全屈服。这样的舌战只适应于科学家们在科学技术方面的争论,及适用于国与国之间的争论,在这种情境下,是要争到彻底的,但不适合于人际交往。

在日常的许多事情,没有几件是值得我们要拿友谊的代价,去争斗取胜的,而你却偏偏要这样做。那么,这样的做法却也说明了你的精神和时间都不值钱了,便不要说对感情的损害了。除非彼此都有虚心的姿态,不存在半点成见,在某一个问题上真诚讨论之外,一切的争辩都应该避免的,即使这是一个学术性的争辩,你不要以为学术性的问题的争论,是以表示发扬文化的精神。

哲学争论了二千余年了,胜负还有待时间证明。心理学的争论也至少有几百年,现在仍然不分高低,你可以著书发表你的主张,但是不可在谈话中唇枪舌剑。才智是可敬佩的,但不是好胜,而且,你应该听过大智者说的话吧!修养高深的人,绝不会与人计较的。

你喜欢和人争辩,是否以为你可以用议论压倒了对方,就会得到很大的利益呢?你要明白,你肯定不会压倒对方。即使对方表示屈服了,心里也必然会悻悻然。你一点好处也得不到的,而害处却多了。

好争辩的人,第一它使你损害了别人的自尊心,因而对你产生反感情绪;第二它使你容易犯上专门挑剔别人的缺点和不足的错误;第三它使你积久变成骄傲,自以为聪明;第四你将因此失掉一切朋友,内外交困,备受众责。

请你从体育比赛上的精神做起吧,输了,不必引为可耻:而后,竭力学习尊重别人的意见,友谊第一,比赛第二;好胜是大多数人的弱点,没有人肯自认失败的,所以,一功的争辩都是不必要的。

谈话的艺术就是提醒你怎样地游出这愚蠢的漩涡,更清醒地去应付一切的谈话。如果能够做到尊重别人的意见,你的意见也会被别人尊重的:如此,你所主张的,就会很容易得到人们的拥护,不必把精神花在无益的争论上了。

你可以实现你的主张,你可左右别人的计划。但不是用争辩的方法来获取的。如果你想借着某一问题增加你的学识,你应该虚心地请教,却不可借助争辩。请记住:争辩是一个无期的战争,一百年,五百年,两千年?结果都无法分晓。

用质问式的语气来谈话,易使人的感情受伤害。许多夫妻不那么和睦,

兄弟不协调，同事交恶，都是由于一方面喜欢用质问式的态度来与对方谈话所致。有这种习惯的人，多半是胸襟狭窄，好吹毛求疵，好与人为难的人，或者是脾气怪癖，或者是自大好胜，或者是患有心理上的毛病，以使人受苦为乐，所以，即使在谈话的小节上，也把自己的品格表现出来。

除遇到辩论的场面，质问也是大可不必的。如果你觉得意见不一致，你不妨立刻把你的意见说了，何必一定先来个质问，使对方难堪呢？

魔力悄悄话

有些人爱用质问的语气来纠正别人的错误，先质问，后解释，犹如先向对方的精神打了一拳，然后再向他解释一样，这不需要的一拳，足以破坏双方的感情，被质问的人往往会弄得不知所措，自尊心受了大大的打击，如果他也是个脾气不好的人，必定恼羞成怒，而激起了剧烈的争论，致使双方感情破裂，难以维持友谊和团结。

第六章 语言的魅力

在我们日常生活当中,人际沟通是不可或缺的活动,必须养成小心应对、用心体会、虚心检讨的良好习惯。一方面使自己的沟通能力不断提高,一方面促使自己的人际关系获得改善。在愉快中把正当的事情办理妥当,则是我们共同努力的目标。

一般说来, 交谈过程中的反馈能够发挥因势利导,顺势牵引的作用。也就是说,沟通者在接收到这种反馈信息时,应当是恰到好处地将这种信息作为重新深化话题的一个契机,这种信息激励着沟通者投入更大更多的交谈热情。

拒绝和批评不要使人难堪

在日常的工作和生活中,很可能会遇到下列的情形:一个品行不良的熟人来缠住你,非要你借钱不可,但你知道,如果借给他便是肉包子打狗一去不回头;一个相熟的商人向你兜售物品,你明知买下了就要吃亏,诸如此类的事你必定加以拒绝,可是拒绝之后,就要断绝交情,引人恶感,被人误会,甚至种下仇恨的种子。

要避免这种情形发生,唯一方法便是要运用些聪颖的智慧。请看下面的例子:

在德国某电子公司的一次会议上,公司经理拿出一个他设计的商标征求大家意见。

经理说:"这个商标的主题是旭日,这个很像日本的国徽,日本国民见了一定乐于购买我们的产品。"

营业部主任和广告部主任都极力恭维经理的构想,但年轻的销售部主任说:"我不同意这个商标。"经理听了感到很吃惊,全屋的人都睁大眼睛盯住他。

年轻的销售部主任没有同经理争论那个带红圈圈的设计是否雅观,而是说:"我恐怕它太好了。"

经理感到纳闷,马上却带着笑说:"你的话叫我难理解,解释来听听。"

"这个设计与日本国徽相似,日本国民喜欢,然而,我们另一个重要市场中国的人民,也会想到这是日本国徽,就不会引起他们的好感,就不会买我们的产品,这不同本公司要扩展对华贸易营业计划相抵触吗?这无疑是顾此失彼了。"

"天哪!你的话高明极了!"经理叫了起来。

向有权威的人士表示反对或拒绝,你一定要有充分的理由,还要注意技巧。年轻主任先用一句"我恐怕它太好了",先抚平了经理的不快,使他不失体面。后来他以更充分的理由，提出反对经理的意见，经理也就不会感到下不了台。

这里列举几种既有利团结，又不失礼节的拒绝方式，供您借鉴：

1. 尽可能以最为友好、热情的方式表示拒绝。

一位青年作家想同某大学的一位教授交朋友，以便今后在文艺创作和理论研究方面携手共进。作家热情地说："今晚6点，想请你在海天楼餐厅共进晚餐，我们好好聚一聚，你愿意吗？"事情真凑巧，这位教授正在忙于准备下星期学术报告会的讲稿，实在抽不出时间。于是，他亲切地笑了笑，又带点歉意地说："对你的邀请，我感到非常荣幸，可是我正忙于准备讲稿，实在无法脱身。十分抱歉！"他的拒绝是有礼貌而且愉快的，但又是那么干脆。

2. 避免只针对对方一人。

某造纸厂的推销员去某大学推销纸张，推销员找到他熟悉的这个大学的总务处长，恳求他订货。总务处长彬彬有礼地说："实在对不起。我们学校已同某国营造纸厂签订长期购买合同，学校规定不再向其他任何单位购买纸张了，我也应按照规定办。"因为总务处长讲的是任何单位，就不仅仅针对这个造纸厂了。

3，让对方明白你是赞同的。

黄女士在民航售票处担任售票员工作，由于经济的发展，乘坐飞机的旅客与日俱增，黄女士时常要拒绝很多旅客的订票要求。黄女士每每总是带着非常同情的心情对旅客说："我知道你们非常需要坐飞机出行。从感情上说我也十分愿意为你们效劳，使你们如愿以偿，但票已订完了。实在无能为力。欢迎你们下次再来乘坐我们的飞机。"黄女士的一番话，叫旅客们再也提不出意见来了。

苏联电影《列宁在1918》中有这样一个情节：苏联社会主义文学的奠基人高尔基，由于他对反动的资产阶级知识分子的本质认识不足，怀着过于慈善的心肠来找列宁论理，说不能镇压知识分子。列宁巧妙地借一位工人的嘴，说明如果不镇压那些顽固坚持反动立场、替沙皇做帮凶的知识分子，苏维埃政权便一天也不能维持下去。列宁的劝说既有说服力，态度又诚恳，高尔基心悦诚服了。他临别时还对列宁说："列宁同志，您真行，批评了人，还让人高高兴兴地走。"

怎样才能像列宁那样，做到批评使人口服心服？批评时该说些什么？

又该怎么说呢？这其实涉及批评的内容及批评的方式。

首先谈谈批评的内容。

1. 批评要有针对性。

批评之前要认清批评是针对哪一种行为的。不要把话说得太笼统，避免使对方无端受到冤枉或产生矛盾。如某大学的一名班干部批评一位同学，可有两种说法：①你怎么一点也不关心集体。②你已经有两个月没做值日生了。我们可以比较一下，这两个都是批评的句子。①句说得太笼统，而且把对方说得一无是处，全盘否定人。失于笼统，也就不够确切了，对方可举例反驳："我怎么一点也不关心集体，上次秋游活动我不也参加了吗？那天班级拔河比赛，我不也在啦啦队里吗？"这样一来，就会引起新的矛盾。②句就比较好，没有用"一点也"这样绝对的话，就事论事，向对方指出一件确有其事，又是不应该的行为。受批评的人不认为是受了不公平的攻击，就容易心平气和地接纳意见。

2. 衡量改正的可能性。

如果在公共汽车上有人踩了你一脚，或者如果你的未满 10 岁的儿子把饭碗打破了，这些事应不应批评？这些事都不能动辄批评，别人踩了你，是因为公共汽车上太拥挤；儿子打破碗是因为不小心，而应采取宽容、安慰的办法。

认清了要批评的那件事，在批评之前还必须衡量一下对方是否有能力、有条件，改正到你所要求的程度，也包括是否有了这个觉悟程度。

3. 指出"错"时，也指明"对"。

大多数的批评者，往往是把重点放在指出对方"错"的地方，但却不能清楚指明"对"的应怎么做。必须仔细想过后，才能明白你究竟要对方怎样做，该怎么把话说出来。有的人批评人家说："你非这样不可吗？"这是一句废话，因为没有实际内容，只是纯粹表示不满意。又如一位丈夫埋怨妻子说："家里一团糟，又有客人要来，你怎么只管坐在那儿化妆？"这种话也不会起作用，它只说了一半。到底期望妻子怎样做，一句也没有提。应该这样说："客人要来了，你帮我去买点青菜和水果，然后将客厅里的报纸收拾一下，好吗？"

说明要求人应做的事，其实是指示对方改正的方向，让对方从另一个角度来了解批评的内容。

其次,确定要说的内容后,批评的方式就是关键。就是说,要以最易于让别人接受的方式来表达自己的意见。

正确的表达方式,应当只表明你说的话,是个人看法,并不见得是绝对事实,仅作为提供对方参考。这样,人家比较能听得入耳,甚至有兴趣了解一下你为什么会有此看法。有了这种交流,就不致陷入各持一论的争吵。

怎样才能达到这种效果呢?说话时别忘了用"我"字。例如,一位女工对她的工友说:"你这套时装,过时了,真难看。"这不过是个人的主观意见,别人未必有相同的结论。这位女工的话可改为:"我看你这套时装有点过时了,你说好看不好看。"用"我"字还有一个好处,既然强调是自己的看法,批评者会更富责任感。

魔力悄悄话

批评人不能用斩钉截铁的语气,过于肯定的语气使人难以接受,易于产生逆反心理,人家一听就会采取自卫的态度。

多说赞许他人的话

如果要别人同意你的意见,用争辩或威力,再引用逻辑方式坚持你的观点,并不见得可以收到好效果。假若一个人心里对你不满或有恶感,你就不可能用宣传式逻辑方式去感化他们,好责骂的父母、争横的丈夫和上司、长舌的妻子都应该知道。不能勉强或驱使他人同意你,但是假如换了用温柔友善去诱导他们,却可使他们同意于你。

有一位教师陈先生,想要减低房租。他写信给房东,告称在租约满后,准备迁出。实际上他并不想迁居,只希望能减低租金,但依情势来看,不会有成功希望,因为许多的房客都失败过,那房东是难以应付的。但陈先生正学习如何待人的技术,因此他决定试验一下。房东收到信后就来看他,陈先生在门口很客气地迎接房东,充满了和善和热诚。他没有开口就提及房租高,而开始谈论他是如何地喜欢这房子,他做的是"试于嘉许宽出于称道"的工作。他恭维房东管理房舍的方法,并告诉他很愿意继续住下去,但是限于经济能力不能负担。

房东从未受过房客如此的款待和欢迎,他几乎不知如何是好。于是他开始告诉陈先生,他亦有他的困难,有一位房客曾写过十多封信给他,简直是在侮辱他。更有人曾指责他,假如房东不能增加设备,他就要取消租约。没有经过陈先生的请求,他便自动减低了租金。当他离开时,还问陈先生:"有什么需要我替你装修的吗?"

假如陈先生用了别的房客的方法去减低租金,一定会遭遇到他们同样的失败,可是他用了友善、同情、欣赏、赞美的方法,使他获得了胜利。

西方有句古话说:"一滴蜜比一桶毒药所捉住的苍蝇还多。"对人亦如此,你要想得到别人的同意,先要使他相信你是他的一个朋友,就如同一滴蜜吸住了他们的心,这才是达到你理想的有效方法。

恭维的话人人爱听。你对人说恭维话,如果恰如其分,恰得其所,他一定十分高兴,对你产生好感。

越是傲慢的人,越爱听恭维话,越喜欢受你的恭维。有人词严义正,说自己不受恭维,乐意接受批评,这是他的门面话,你如果信以为真,毫不客气地率直提出批评,他一定非常不快,表面上未必有所表示,内心却是十分不悦,对于你的印象,只有降低,绝不会增进。

会说恭维话,别人听了舒服,而且自己也不降低身份。说恭维话是处世的一门重要功课。

每个人都有希望,年轻人希望寄予自身,老年人寄望于子孙。年轻人自以为前途无量,你如果举出几点,证明他的将来大有成就,他一定十分高兴,视你为知己,你如果称赞他父母如何了不起,他未必感到高兴。至多你说他是将门之子,把他与他的父母一齐称赞,才对他胃口。

但是老年人则不然,他自己历尽沧桑,几十年的光阴,并未曾达到他预期的目的,对于自己,已不复十分自信,不复有十分希望,他所希望的,是他的子孙,你如果说他的儿子,无论学识能力,都超过他,真是跨灶之才,虽然你是当面批评他,抑父扬子,他不但不会责怪你,反而十分感激你,口头连说,"你说得好","未必,未必,过奖了"。他的内心,却认为你是慧眼识英雄呢!

但是说恭维话对于对方的身份,应特别注意。

对于商人,你如果说学问好,道德好,清廉自守,乐道安贫,他会无动于衷;你应该说他才能出众,手腕灵活,现在红光满面,发财即在眼前,他才听得高兴。

对于官吏,你如果说他生财有道,定发大财,他一定不高兴;你应该说他为国为民,一身清正,廉洁自持,劳苦功高,他才听得高兴。

对于文人,你如果说,学有功底,笔下生花,思想正确,宁静淡泊,他听了一定高兴。他做什么职业,你说什么恭维话。对于对方的职业应该特别注意。

最后讲个笑话,某甲是拍马屁专家,连阎王都知道他的大名,死后见阎王,阎王拍案大怒:"你为什么专门拍马屁?我是最恨这种人的。"马屁鬼叩头回道:"因为世人都爱拍马屁,不得不如此,大王是公正廉明,明察秋毫,谁敢说半句恭维的话。"阎王听了,连说:"是啊是啊!谅你也不敢。"实则阎王岂不爱听恭维话。不过说恭维话的方式,与普通人不同罢了。这个故事,是说明了世人之情,都爱恭维,你的恭维话有相当分寸,不流于谄媚,不损伤人格,而且是得人欢心的一法呢!

又譬如说,你要你的孩子学好,与其用严肃的教训,或者用严厉的责备,不如用赞美鼓励。

"你的字写得真好",你这样对他说了,下一次他写得一定更好。这一个方法同样可通用于对待你的部属、你的仆人,甚至你的丈夫或妻子。

以赞美来鼓励,激起了他的自尊心,为保持他的自尊心起见,他一定常常努力做得更好。这就是说要他自己督促自己,比你去用命令督促他一定好得多。

有些人从来不懂这种妙处,他以为要一个人做好,只有鞭策他,或者不停地督促他就可以达到这目的。他不明白人的本性本来就是高兴自己主动地做一切事情,而不高兴被动的。你若在旁边督促他,他反觉得是侮辱,因为他不高兴受支配。并且即或他听从了你的话去做了。他怕你不仅不赞美他,也许到后来还说是你鼓励的功劳,每一个人在别人督促之下不大起劲去做事情,就是这个缘故。

但赞美就不同了。当你赞美他的时候,他觉得他一切是自己主动的,他很为这成绩自傲,于是除非是一个不求上进的人,他必定更努力地工作,而且还以为他的继续努力也是自动的,同样以鼓励为目的,说话不同效果就会两样。所以当你想鼓励你身旁的人时,不可老是站在长者的地位来严肃地教训他。留心他的工作,找到一点点值得赞美之处时,就紧抓着它来带进你的鼓励,那么你一定得到最美满的收获。

有一个青年初进社会,服务于某公司时,有一个经理先生对他说:"公司对你的工作很满意,你安心努力做下去吧!"他觉得这一句话比后来加他工资时还感到高兴。许多做经理的永远不会对他的下属说一句赞美的话,他整天只是不断地板起面孔来督促着,以致公司里面显得暮气沉沉,毫无活跃的景象。因为大家满肚子里都是闷气,他们从来听不到一句使他们高兴的话,只要做错了一点事情就挨骂,这样的一个公司,绝不会有长足的进展的。

一所办理很好的学校,校长同那些教员们都一定是很懂得用赞美去鼓励学生的人,一个贤明的父母也必会如此诱导他们的儿女,一个卓越的主管者也必会用这方法去操控他的部属。

据说有甲乙两猎人,各猎得野兔两只回来。甲的女人看见冷冷地说:

"只打到了两只吗?"甲猎人心中不悦,"你以为很容易打到吗?"他心里如此埋怨着。第二天他故意空着手回家,让女人知道打猎是不容易的事情。

乙猎人所遇则恰好相反。他女人看见他带回来了两只野兔,就欢天喜地地说:"你又打了两只吗?"乙听了心中喜悦,"两只算得什么!"他高兴得有点自傲地回答他的女人。第二天他打回了四只!

信不信由你,故事也许是虚构,但这却是常情。

魔力悄悄话

"人告之以有过则喜",只有子路才有此雅量,一般自命为君子的人,尚容不下别人的批评,普通人更不用说了。

良好的沟通气氛很重要

良好的沟通气氛能够使交谈者都会感到轻松而且愉快。良好的沟通气氛,可以保证沟通的主题不断地得以深入,从而使沟通的参与者精神松弛,从交谈中得到愉悦,从而团结又融洽地理解对方、接受对方的意见。

要想创造出一种和谐的沟通气氛,必须要注意以下几点。

第一,仪表要得体。合适得体的衣着,不仅能够赢得别人的喜欢、给别人一个良好的印象,而且还能够不断提高自己在交谈时的信心。一个穿着不干净、不整洁的人很难使别人找到沟通的感觉。交谈时,也应该特别注意自己的仪态,主要包括身体态势,气质与风度,要做到站有站姿、坐有坐相。

第二,态度要真诚。以诚相见、坦率交谈的态度能够使人感到亲切而又自然,彼此交谈的观点与思想也很容易地得到对方的认同。如果是一种虚情假意,言不由衷的态度,就会引起别人的反感,使别人的情绪大受影响,从而很难与对方展开一次深入的交谈。

第三,神情要专注。交谈时,一定要专注而且认真,要正视对方,理解对方的沟通内容。要学会正确地使用自己的身体语言,身体微微地倾向于说话者,同对方保持眼神接触。并且面带微笑,适当的时候,还应当点头以示同意对方的沟通内容。如果在交谈时,东张西望或者左顾右盼,如果翻阅报纸杂志或者做其他事情,都会让沟通者感到难以接受。

第四,反馈要及时。交谈是双方或者多方的事情,一方在阐述自己的观点时,另一方应当通过一些语气词、适当的眼神或动作来衬托气氛,从而更进一步地激发对方的沟通兴趣,使彼此的交流更投入,更愉快。

是否能够掌握反馈的时机对创造一种良好的沟通氛围起着承前启后的作用,当然在提出问题或者做出其他反应之前,一定要有适当的过渡性话语。

例如:可以对沟通者说:"对不起,我可以插句话吗?"也可以这么说:"请允许我补充一点。"然后，说出自己的想法或意见。这样的插话不宜太多，以免扰乱沟通者的思路。

在作出自己的反应之前，应当充分地考虑一下自己当时的发言是否合适、是否合时。如果是提出问题，还应当考虑到自己提出的问题有什么样的价值，是否能够起到使交谈更加深入地进行下去的作用。

沟通技巧高明的人，还会十分灵活地借助于身体语言或者一些亲切的语气词与提示词来达到这个目的。

在使用身体语言时，一定要注意抓住反馈的时机，不要动不动就莫名其妙地点一下头或者大笑一次。在使用语气词时，不要总是"嗯""呃""啊"个没完。因为语气词往往只是一种无意义的音节，语气词的主要目的是调节气氛。可是，这些无意义的字眼会破坏他人言辞的连贯性与节奏美，太多了甚至会使对方感到焦躁。

第五，话题要合适。几乎任何话题都可以成为人们的沟通材料，只要自己是个处处留心的人，就会发现很多能够引人入胜的话题。例如，体育运动、电视节目、个人嗜好、天气状况、名胜风光、流行时装、小说电影等等。都可以激起人们的沟通兴趣。然而，由于每个人的个性特点、心理状况以及特殊经历的不同，在选择话题的时候，人们的倾向性就会表现出很大的不同。

有的青少年学生时常感到很苦恼，他们认为自己的性格比较内向，所了解的知识又十分有限，因而很难与别人谈得上来。遇到意见不一致的问题，更是不知所措，要么埋在心里什么也不说，一味沉默，要么一言不合，拳脚相向，这都是不利于沟通，不利于问题的解决的。也确实存在着这种情况，就算是跟很熟的朋友在一起，他们也找不到沟通的话题和方法。但是，这不应该成为青少年学生封闭自己的理由，而应当尽力去培养自己的团结合作能力、交际能力以及说服他人的能力。这就需要青少年学生努力去寻找话题并且从中选择出大家都感兴趣的话题。

平时参加交谈，可以随时注意观察人们的话题，哪些能够吸引人而哪些根本就不吸引人，这又是为什么？自己在开口说话时，一定要练习讲一些能够引起他人兴趣的事情，不要提起那些不会产生良好效果的话题。一般在交际场合中，与刚相识的人开始交谈时，不要冒昧提出比较深入或者十分特别的话题，而应当从一些比较平常的话题入手。

例如，我们也可以采用中国人通常使用的传统方法：首先询问对方的籍贯,然后开始谈论自己所了解的有关对方家乡的一些风土人情。

有了话题,还必须要有能够言谈下去的内容,不要打开话题以后就显得支支吾吾。要把话题与自己已有的知识充分联系起来。这样既能和谐地解决问题,又能体现你的素质和才能。

魔力悄悄话

通常来说,在交谈时应当避免谈论自己不完全了解的事情。千万不要把那些似懂非懂,一知半解的内容糊里糊涂地说上一通,不仅不会给别人带来什么启发或者益处,反而给别人留下一个毫不谦虚或者夸夸其谈的坏印象。

沟通的基本过程

有些问题是很复杂,很困难的,它需要使用更多的技巧,需要花更多的时间才能圆满地加以解决。

下面就让我们详细阐述一下共同解决问题过程中的各个具体步骤并探索一下有效使用这个技巧的关键。

弄清各方的需求

理解和接受别人的需求。如果某人说他想得到什么东西,那么这个东西就是他的需求。有时当别人谈到需要什么东西时,你可能会觉得他所需要的对你来说一点都不重要,此时你最好承认对方的那个需求对他本人来说很重要。你大可不必与对方争论他的需求是否有价值、是否重要。对于你来说最重要的是要了解对方到底有什么需求、到底在想什么。

有时通过共同问题的解决,你也许仍无法找到一个满意的方案。假如你发现失败的原因在于对方的需求太具体化或太不现实,此时你就大有必要对他的需求做一番研究了,研究一下他未表露出来的、更深一层的需求到底是什么。

确定不直接发生冲突的需求。假如小王说他的要求是要小丽在午餐后1点钟回来,而小丽说她的需求是要将午餐时间延长至1点20分,这时他们就处于僵局之中了,因为他们各自的需求发生了直接的冲突。碰到这种情况时,要研究一下双方更深一层的需求是什么,也许在更深一层的需求层次上,双方就没有直接的冲突了。低一层次需求的满足往往是为能使高一层次的需求得到满足。

比如小王要小丽在1点钟前回到办公室,是因为他想使办公时间里打来的电话都有人接,而使电话有人接这一需求又是为了能满足更高一层的需求,即随时能为顾客服务,使顾客满意。这一愿望又是为了他最终在事业上成功。所以,需求存在着等级。

当你问对方:"你为什么需要那个呢?"你就会探知出对方高一层的需求。一直这样问下去,你最终会接触到人类最根本的一些需求。马斯洛把人类的需求分为五个层次,即生理需要、安全需要、归属和爱的需要、尊重的需要以及自我实现的需要。

当对方提出他的需求,你没有必要一直问下去。只有当你观察到的对方的需求很难满足或与自身的需求发生明显的冲突时,你这样追问下去才会对你有好处。

弄清与问题相关的各种需求将是一个很长的、相当困难的,同时又是极其重要的过程。当你对问题本身还弄不清时,就根本谈不上要解决问题了。如果你能明了各自的需求,你就不但能充分理解所遇到的问题,而且你也知道了你的目标是什么和你应该是什么。

由于采用建设性态度的技巧往往在共同解决问题前已经使用了,所以在确定了各自的需求后,你只需再陈述一遍那些需求。在陈述时,你也许觉得有必要对需求做进一步的澄清。

遇到复杂或困难的问题,记下各自的需求对你将很有用。把这个记录放在方便的地方,使你随时能够参考。有些对方未提到的但与问题有关的需求。经你询问后,如果对方承认的话,可以把这种需求添加在记录里。

对双方共同的需求加以强调,这将创造一种合作的气氛,使双方能更快地解决问题。

寻找各种可能的解决方案

想出的方案越多,你就越有可能找到一个令双方感到满意的方案。在现实生活中,人们往往选定第一个想出的方案。实际上,如果继续进行创造性的思维,一个更好的方案是完全可能找到的。创造性思维会给你带来令人惊讶和欢欣的硕果。

这种思维促使人们想出尽可能多的方案。在这一过程中,不要管所想出的点子是否可行,也不要进行评价(正面的或反面的)。一个方案提出后,马上记在纸上,并让每个有关的人都能看见。一个方案想出后,往往会促使相关的方案被发现。有时一个荒谬的点子会使人们想出一个很好的方案。这个过程是一个进行得很快的、有创造性的、充满乐趣的过程。如果有好几个人一道进行创造性思维,效果最好。对于两个人很有用,甚至也适用于一个人。

在提方案时,避免评价是相当重要的。一个方案提出后,人们往往会对此评论一番,这对于整个进程是不利的。假如你挑剔对方的方案,对方可能就不愿再想什么方案了,也可能为自己的方案进行辩护,这就使你脱离了这一步骤,同时气氛就变成了争论、辩护而不是合作了。

假如你以一种赞赏的方式来评论一个方案,你就会发现自己越来越倾向于这个方案,而这会妨碍你考虑别的方案,同时对一个方案的赞赏往往会使你忽视其他那些评价不高的方案。最好别作什么评论,除非这种评论采取一种中性的方式。比如,"这是我们想出的又一个方案,还有什么方案吗?"

即使你未对方案进行评价,你可能会发现对方有评价的习惯,为了避免对方评论,你可说:

"让我们看看能想出多少种方案,在这一过程中,大家都不作任何评论。到了最后,我们才从中挑选出几个方案,然后评价一下它们各自的优缺点,好吗?"

千万注意,在实行这一步骤时不要讲下面这样的话,否则会遭到对方进行评价的:

"这个方案你觉得怎么样?"

"你认为我们能……吗?"

"这个方案能行吗?"

要防止对方评论,你可这么说:

"一个可能性是……"

"另一个备选方案是……"

"我们可以多动一下脑筋……"

邀请对方多想一些方案时,可这么说。

"我们还能做别的什么吗?"

为了防止这个步骤结束得太早,事先确立一个目标将是有益的。你可以这么说:

"让我们看看是否能想出至少十个方案,然后我们再仔细研究各种方案。"

或者"我们看看五分钟之内,一共可想出多少种方案,然后再对其进行评价。"

创造性思维是这一步骤成功的必要条件。假如自己处于困境,重新明确一下各种需求,以帮助你把焦点对准自己的目标。把一些明显不现实的方案也包括进来,可能是会有帮助的,假如你让自己的思想自由地、无约束地翱翔,你最后会为自己想出的这么多不同形式的方案而感到诧异。

根据各方需求评价各方案

想出足够多的方案后,你就可以对你认为合适的方案进行评价了。你完全没必要对提出的所有方案逐一评价,你可先划掉那些双方都不满意的方案,然后再着重研究剩下的方案。另一个可行的办法就是考虑双方最喜欢的方案,对别的方案可以不管,但不要完全忽略它们,因为它们会提醒你还有备选解决问题的办法。

在评价时,要清楚地阐述自己的意见、自己的爱好等等,要使用倾听和反馈的技巧去倾听和理解对方的评价。你要充分表达自己的观点,要理解对方的观点,而不要拼命去说服对方同意你所喜欢的方案。

必要时,可以回到以前的步骤去,在考虑一些方案时,你可能会发现对方还有一些你以前未观察到的需求,此时你就要回到第一步,认真地了解对方需求。在进行第三个步骤时。你可能会发现,还有一些备选方案,此时你要回到第二步,把这些方案填到你的单子上。

假如所有的方案都不满意,回到第一步去确定一下各自更高一层的需求。或者回到第二步,以寻找更多的方案。你也可请个人来给你出点子。在第二步骤中,我们已知道人越多就越可能发现更好的方案。人们往往很喜欢第二步,特别是所讨论的问题不是他们自己的问题时,他们越有可能给你出好主意。

在共同解决问题的过程中,如果有必要回到以前的步骤去,不要犹豫,但切记不要过早地转移到下一步骤。通常从步骤 3 转移到步骤 4 是很自然的,但要注意这种转移不要进行得太快。

找出一个双方都满意的方案

当你认为你已找到了一个双方都满意的方案时,你要对这个方案再次明确并征求对方的意见。假如对方的言辞或非语言的动作暗示着他并不完全满意时,你要转换为倾听和反馈,从而找到他不满意的地方。然后你再回到前面的某个步骤,如此进行下去,直到找到一个双方完全满意的方案为止。

要找到一个双方都满意的方案似乎太理想化了,也许并不现实。然而,假如你遵循共同解决问题的方法,对方是愿意找到一个你满意的方案的。由于双方都想找到使对方满意的方案,那么成功的概率就比较大了。

一旦你找到了一个双方满意的方案,最好重新清楚地复述一遍那个方案以确保双方的理解是相同的。在某些场合里把方案书写下来也许更好。

计划和执行方案

我们心里不但要清楚到底决定了哪个方案,而是要清楚怎样执行这个方案。我们要问几个问题:是谁来做? 什么时候? 在哪里? 怎样做?

回答了这些问题以后,把答案清楚地复述一遍以确保双方都清楚方案将怎么执行。

你参加过那种只说不干的会议吗? 会议结束时大家都对作出的决定感到很满意,可下一次开会时却发现根本就没有采取什么行动来执行那个决定。当步骤 5 被省略掉时,这种情况就很可能发生。

假如你和对方对某个方案都很满意,那么你们两人很可能都想参加到执行那个方案的过程中去。假如对方主动提出要参加方案的执行,你可对此表示赞赏。

假如对方并没有履行他的诺言,你要以坦率、诚挚的方式去鼓励他谈论这个问题。通过倾听和反馈,通过你的耐心和对对方的理解,你是可以做到这一点的。如果你想使对方清楚你的需求以及他不执行方案对你已经造成或可能造成的问题,你可采用建设性交谈的技巧来做到这一点。这意味着你要用一个新的建设性交谈语句来开始,然后再次经过协商,共同解决问题。

假如你们的行动方案的某些方面涉及一些你们不能完全控制的因素,此时你们也许需要再制定一个备选方案。

当你们的解决方案很复杂或要花很长的时间时,把怎么执行的步骤写下来。对你们将会很有帮助的。在这种情况下,也许采用脚踏实地、慢慢干的方法更加妥当。

在共同解决问题这个方法的最后阶段,强调一下双方都对选定的方法感到满意是很重要的。这意味着一旦执行过程中发现有什么不满意的地

方,双方可随时重新协商。你要避免说这样的话:

"既然你同意了,我希望不管发生了什么你都能信守诺言。"

你可以这样说:

"让我们来执行双方都同意的方案吧! 假如我们当中有谁发现了有什么问题,或这个方案不可行,我们可以再来研究一下,看看有没有别的方案可以采用。"

你可以事先确定一个怎样评价执行结果的方法及什么时候进行评价。你也可以在以后不定期地与对方检查一下执行的结果。你应对结果进行评价。

魔力悄悄话

一旦你同意了某个行动方案,你就应该守信。假如发生了未预料到的事,阻碍了你执行方案,你应尽快通知对方。假如在同意某个方案以后,你发现自己对它不太满意,此时要尽可能快地把你的情况告诉对方。假如你坦率、真诚、现实而又善于理解人,对方就可能以同样的方式来对等待你。

不成熟处理办法的危险

当人们意识到需求发生了冲突时,他们往往在未与对方商议的情况下就决定该怎么解决问题了。即使他们的目标仍是去找到一个各方都满意的解决方案,但遗憾的是,整个过程实际上只有两步:

1. 当某个人意识到一种潜在的冲突时,他独自决定该怎么解决。

2. 他劝说对方同意他的解决方案。

这种方法和强迫型方法是类似的,不同之处在于前者是问题的解决者企图说服对方,而后者是问题的解决者利用权力迫使对方服从。使用这种方法的人想法是好的,但采用的步骤太少了,不足以解决问题。当你并不特别注意别人的需求时,你独自提出的方案就不太可能使对方感到很满意。那个解决方案对你来说也许是明显不过的,但并不一定就是最可行的或最持久的。对方可能会极不情愿地同意了你的方案,但驱使他执行方案、并使方案奏效的动力就减少了。结果你可能发现你以后会不断地遇到和解决同样的问题。

一个人一旦打定主意该怎么办后,要他再去考虑别的方案就困难了。他会把整个身心都集中于劝说或强迫对方同意他的方案上。假如你不知道最好的解决办法,使用共同解决问题的方法就相对容易一些。实际上,只要你不偏心于某个方案,只要你愿意考虑别的方案,任何主意都是有用的。

另一方面,当问题比较简单,解决办法对你来说比较容易时,为了节省时间,你可以通过直接建议某个方案而达到解决问题的目的。这样做时使用条件赞赏语句描述这个方案、解释这个方案不但能满足你的需求,而且能满足人他的需求,然后告诉他你对此的感觉。在这以后你再转换为倾听和反馈,而且做好充分的准备,一旦对方对你的方案不很满意,就转而使用共同解决问题的方法,可行的方案。假如你写一份报告,上面有一个或几个方案,并有各个方案的优缺点以及怎样执行的计划,这样的报告对你是有帮助的。你可以把它交给有关部门批准。

4. 记住政策是由有权力的人制订的。当你极力推崇某个方案,而又不得不等待别人来作出决定时,你一定很忧郁不安,你可以试试是否能够加快这个程序。如果不可能的话,你必须要有耐心,同时要坚持不懈,你可以使用一些技巧,如扬长避短、倾听和反馈、建设性态度等。假如你想对审批的程序提出建议,你最好使用条件赞赏语句,如:

"假如你们能在 6 月前作出决定的话,我们就可以在预算中把这个决定体现出来了。这将大大减少我们的麻烦,我会为此非常感激!"

5. 贯彻执行最终的方案,方案通过了审批,你要履行属于你的那部分责任——通过扬长避短你还可以激励其他人履行属于他们的那部分职责,假如有的人忽视了他的职责,你得运用条件赞赏语句来激励他们。假如他执行起来有困难你可使用倾听和反馈的技巧。假如发生了未预料到的事,也许你就需要回到步骤 1、2、3 或 4 去。

6. 让其他人知道你很关注执行的情况,并让他们清楚一旦方案不令人满意,还可继续研究那个问题、你可能想建议一个随时对执行情况进行分析、控制的办法,在执行过程中出现了什么情况,不要隐瞒,要重视它。

让我们总结一下。当你在组织里遇到什么问题时,不要害怕去触动问题,即使这种问题不属于你的职权范围。如果你使高层管理人员意识到了组织的某项政策对各个层次的雇员有什么样的影响,这对整个组织的健康发展将是有利的。假如你使用这里推荐的技巧找到了一个更令人满意的政策,你付出的劳动将会受到每个人的称赞。

魔力悄悄话

要使自己成功,你就要对怎样解决问题做好充分的准备。准备工作的一个最重要的部分也许就是既要理解和尊重别人的感情和需求,又要使自己做到既有耐心又百折不挠。

假如你失败了

若你期望通过使用共同解决问题的技巧或其他技巧,你的所有问题都能得到圆满的解决,这是不现实的。

若你充分地运用本书中的技巧,在大多数情况下你会得到成功,但有时在使用某个技巧时,你可能没有得到满意的结果。下面就让我们看看造成失败的各种原因以及相应的处理办法。造成失败的原因有:没有有效地使用技巧,你的目标发生了变化,过去关系不好或对方不关心你的需求。下面让我们对每种原因进行仔细的研究:

1. 没有有效地使用技巧

失败的最可能的原因也许就是你未能有效地使用技巧。当你对某个问题感到不高兴,或对方产生抵触情绪,进行自我辩护或变得盛气凌人时,要你继续运用客观的、理解别人的方法就很困难了。假如不是以直接的方式的话,你此时很可能会以间接的方式来传递你的指责和不满,从而又加剧了对方的对立情绪。这种情形可能会愈演愈烈,终至发展到公开的敌对。这样你就不会成功地解决问题了,要成功地运用共同解决问题的技巧,必须建立合作的气氛,而不是敌对的气氛。

遇到这种情况,如果你有耐心,有勇气以及良好的意愿,你可就对话的中断或失败表示道歉,并要求对方给你一定时间来重新调整你的情绪。你很自然会倾向于挑别人的错,希望别人向你道歉,同样,对方也可能更注意挑你的错,希望你能向他道歉。在你表示道歉后,他才会更客观地看待他的过错。

你不能控制住对方的情绪和行为。但你能控制你自己的情绪和行为。在你这样做的同时,对方很可能会受到感染。你没有指责对方,也没有把对话的中断归罪于对方,而是把注意力集中在自己的不耐心以及未能充分使用倾听和反馈的技巧上,这样对方就没有必要为他自己进行辩护了。他就会更理智地看待问题了。通过这个过程,你可能会重新获得成功,并可能得到一些有益的收获。

你没有必要因为自己未能以最有效的方式来处理问题而过分责备自己。因为这个过程中要用的技巧相对来说有点理想化,若你期望自己在实践中同共同解决问题这个方法的各个建议完全一致这是不太现实的,对你也是没有帮助的。假如你能意识到自己偏离了技巧的要求,假如你愿意承认你做了一些不好的、没有人做的反应而同时又不指责自己和对方,这对你是大有帮助的。你应避免自己贬低自己,你可为某一行为表示道歉,但同时要保持自己高水平的自尊和自信。

2. 目标发生了变化

另一个导致你失败的原因就是你的目标发生了变化。当你产生了不满情绪时,这种情况就有可能发生。记住,你使用建设性交谈和共同解决问题的技巧要达到的目标是:

(1)使问题圆满地得到解决。

(2)不伤害双方的关系。

(3)双方的自尊都得到了保护。

在建设性交谈和共同解决问题中提到的所有的建议都是为了直接帮助你达到这些目标。然而,假如对方对你的反应是抵触、怨恨、自我辩护,这也许会触发起你想证明他是错了的愿望。你也许想不顾对方的面子去证明他是错了或证明你是正确的。这种目标与前面提到的三个目标就不一致了。

有时可能连你自己都未意识到你的目标已发生了微妙的变化。假如你产生了怨恨的情绪,这种情况就可能发生,下面显示的一些内心活动也许就是由于怨恨产生的。假如你发现自己也有这样的内心活动,那你就把它们当作可能使你转换目标的危险信号吧:

"为什么我要听他讲? 他根本就没有听过我讲!"

"他应该受到指责,为什么还要我向他道歉?"

"我应该让他知道他的所作所为是多么糟糕。"

"他给我带来了这个问题,结果他未受到任何惩罚,甚至他还没有向我表示过道歉,这不公平。"

3. 过去的关系不好

假如你和对方过去就存在着怨恨,要通过共同解决问题的方法成功地达到目标就很困难了,因为共同解决问题的方法是建立在相互尊重的基础上的。没有相互的尊重,协商就可能失败。双方过去关系不好很容易使双方有一些抵触的反应。但另一方面,假如你十分小心地使用这些技巧,你是可以建立起双方的相互理解和相互尊重的。首先消除你自己的怨恨情绪,然后运用扬长避短和倾听反馈的技巧来建立起理解、尊重气氛,这样你就能够有效地处理问题了。

4. 对方不关心你的需求

假如对方不关心你的需求,他就不会有动力来帮助你解决问题,为了克服这个问题,你需要了解他为什么不关心你的需求。

对方是不是认为你的需求是你自己的事,与他无关呢?假如他确实这么想,你有必要向他说清他的行为给你带来的问题。

是不是你说了或做了什么而导致对方产生不满情绪?假如你认为可能是这种情况的话,你可请对方谈谈他的那些情绪。你要使用倾听和反馈的方法来表示你对他感情的理解和接受。然后对他所描述的以恰当的方式进行反应。你可能表示一下道歉或解释一下你的行为或当时的情况。一旦解决了这个问题,对方就可能乐意与你合作了。

对方是不是害怕共同解决问题的结果不会使他满意?假如是这种情况的话,你要向对方保证你是想找到一个令双方都满意的解决方案的。说话时一定要真诚!

对方是不是不愿花时间来解决你的问题?这有两个可能:一是对方确实没时间,一是前面提到的任何一种原因。假如对方不愿花时间来帮助解决你的问题,你应考虑其他的办法,如改变你自己或改变环境。或者你不得不把原来的问题暂时搁在一边,先着手解决对方不愿花时间这个问题。

比如,你可以先用建设性交谈,语句讲述一下对方不愿花时间来解决你的问题对你造成的有形影响。在谈论你的问题时,要做到思路清晰。必要时应坚持不懈。

对方是不是虽然明白他给你带来了有形问题,但完全不在乎你的需求呢?这种情况的可能性不大。虽然满足你的需求可能没有满足他自身需求那么重要。但大多数人一般都不想去给别人带来什么问题。你要小心翼翼地倾听和反馈,随时收集对方的非语言信息并进行反馈。通过这样的过程,你可能会找到他不愿意合作的原因,你可能也会对他更加了解。

也有可能对方感到自己太糟糕、太不行了。以至于他根本没有心思来考虑别人的需求。通过倾听你可以给他一个他最需要的东西,你要使他感觉到他是一个有价值的人。表示他的感情值得你理解和尊重,你就可以增强他的那种感觉。这个过程虽然耗费时间,但它也许是对时间的最有价值的使用。

当然也有可能由于对方的感情处于瘫痪、崩溃的边缘而使他不容易向你或其他任何人吐露他的真实情况。有时你只好接受现状考虑不要求对方主动合作的方案。也许你可以用别的方式来满足你的需求,也许你可以改变自己,使你不再有那个的需求。在考虑很危险的强迫型的方法前,你最好多想想是否有不需要对方合作的解决问题的其他办法。

魔力悄悄话

你不能控制住对方的情绪和行为。但你能控制你自己的情绪和行为。在你这样做的同时,对方很可能会受到感染。通过这个过程,你可能会重新获得成功,并可能得到一些有益的收获。

强迫式沟通要考虑后果

对双方关系会造成很大的危险和深远的影响的方法是强迫型方法。这种方法不顾别人的意愿、强迫别人执行你的解决方案。在使用这种方法前，你应该认真地考虑可能造成的后果。

虽然强迫是很危险的，但有时它又可能是你最好的选择办法。假如事态的发展会危及你或其他人的人身安全，这种方法也许就要优先于维持关系的需要来加以考虑了。或者假如你没有时间来解释整个情况或激励对方与你合作，你可能需要迅速地达到你的目的，然后再解释。也有可能对方没有能力来理解你的问题，因而也就不能参与解决问题的过程，这就使得你有必要考虑强迫的方法了。总之不管是什么原因，假如你找不到另一个满意的解决办法，或假如找到解决的办法对你来说比双方的关系更为重要，你也许就想运用你拥有的权力来强迫对方执行你的方案了。要强迫对方放弃他的需求，服从你的意愿，你必须拥有某种形式的支配权(前面已提到过，这意味着你能在某种程度奖励或惩罚他。你对他的支配权可能很简单，也许就是对方渴望得到你的赞赏)。这种奖励或惩罚的权力没有必要讲出来，也并不一定要真的拥有这种权力，只要在对方的意识里认为你有这种权力就行了。

魔力悄悄话

总之不管是什么原因，假如你找不到另一个满意的解决办法，或假如找到解决的办法对你来说比双方的关系更为重要，你也许就想运用你拥有的权力来强迫对方执行你的方案了。

把危害减到最小

强迫型方法对双方关系的危害可能并不能完全消除,但你可以使这些危害减少到最低程度,下面就是四种达到这个目的的方法:

1. 明确说明你采取这种行动的目的是为了解决你的有形问题。这会防止对方认为你是故意想伤害他或出于愤怒、不欢喜,甚至仇恨。

2. 以真诚的方式对你的行动给对方带来的问题表示道歉。由于你并不想给他带来什么问题,你只是想解决你的问题,所以你可真诚地向对方解释为什么你要采取这样的行动,并对给他带来了问题表示道歉。

3. 倾听对方想说的一切话。对方可能会产生强烈的不满情绪,此时你应采用倾听技巧。通过你的耐心与善于理解的反馈,你就可以使对方的情绪得到健康的发泄。在这个过程中,假如对方的情绪太强烈或直接针对你的话,你也许会感到不舒服,但你不要害怕接受理解他的那些情感。一旦他的感情得到了健康的发泄,也就不太会报复你或夸大其词地告诉其他人了。

假如在听的时候你发现了什么新情况,要随时准备重新考虑整个问题。这并不是要你不满足自己的需求,而是说你应有随时愿意考虑其他解决方案的思想准备。

4. 你可以以某种方式来对对方进行补偿。

魔力悄悄话

记住,倾听并不等于同意。通过倾听和反馈,你表达了自己对对方感情和观点的理解,但这并不意味你同意他的观点。这两者存在着很大的同时又是很重要的区别。

第七章
生活中的礼和仪

任何一个文明社会,任何一个文明民族,人们总是十分注重文明礼貌。

因为礼貌是人类社会据以促进人际交往友好和谐的道德规范之一,是构建起与他人和睦相处的桥梁。

它标志着一个社会的文明程度,反映一个民族的精神面貌。中华民族历来就非常重视遵循礼规,礼貌待人。

其中许多耐人寻味的经验之淡,无论过去和现在,都给人以启迪。

孝与养之间的团结协作

亲子之情是人类的天性。父母给了我们生命和最无私的爱。为了哺育我们成长,父母呕心沥血。孝敬父母就是强调子女对父母的赡养、尊敬与爱戴。古人把它看得很重,它是每一个做子女的人应该遵循的行为规范,也是一切道德的基础。

父母养育子女,子女孝敬父母,子女再养育孙子……这是一个延续性的团结协作过程。

古人有句话叫作"乌鸦有反哺之恩,羊羔有跪乳之德",意思是:小羊一边吃着母亲的奶,一边跪着表达自己的孝敬之意,而小乌鸦长大后也知道叼食来赡养老乌鸦。这个说的就是家庭亲子关系中互相协作的精神和感恩精神。面对父母的养育,我们现在可能还没有能力赡养,所以我们的回报是孝敬。

三国时陆绩在席上看见橘子,首先想到的不是自己,而是要给母亲带几个吃;明代归铖受继母虐待,但父亲去世后仍独力赡养继母;清代吴氏兄弟争养老父;杨成章、朱寿命、刘祺历尽艰辛寻找父母,都不仅仅是供给父母衣食,而是灌注着深深的敬爱之情。

当父母身处危难之时,子女奋力解救,更体现出孝敬之心。三国时司马芝面对强盗,为使母亲免遭毒手,舍生忘死。清代高裔则是通过刻苦学习来救赎父亲。

特别值得注意的是,在中国古代有不少女子也像男子一样,以自己勇敢的行为解救父母的危难,这在歧视妇女的封建时代显得尤其可贵。缇萦上书救父,花木兰替父从军,几千年来被人们广为传颂。

花木兰(生卒年不详)代父从军的故事在我国代代相传、经久不衰;到了现代,木兰的艺术形象被搬上舞台,成为人们歌颂的对象。

花木兰的故事并非虚构杜撰,在我国历史上,确有花木兰其人,也确有她女扮男装、替父从军的事。

花木兰,本姓魏,名木栾,西汉初年亳(bó,今安徽省亳州市)人。他的父亲名叫魏应,是军中一名小校。花木兰家中虽然生活简朴,但全家人和和睦睦,日子过得平静美满。可是不久,宁静的生活被打破了。

两汉王朝建立之后,经常受到边陲一些少数民族的侵扰。汉文帝时,匈奴贵族带兵南下,俘虏百姓,掠夺财物,给中原地区人民的生产和生活造成了极大的危害。

于是,文帝下令征兵抗击,花木兰的父亲也在应征之列。卫国保家、抵御强暴,本是每一个热血男儿义不容辞的职责,可是偏偏就在这个时候,花木兰的父亲重病在身,连床都不能下,根本无法从军。调防令一次次地催逼,父亲的病却一天天地加重。

按当时的律例,应征者无法从军,可由家中其他男丁替代,可是花木兰却没有哥哥,只有一个弟弟,年龄还很小,根本无法应征。"军令如山",违抗了军令不仅父亲要被治罪,还要祸及全家。一家人整日愁眉紧锁,唉声叹气。

大家正着急时,从屋里走出一个戎装小伙,英姿飒爽,大家开始都愣住了,定睛一看,才认出这个少年就是花木兰。

在家中,木兰性情最为刚烈,对父母也极为孝敬。她见家中处境困难,暗暗思忖:"父亲病重,弟弟又年幼,无法从军,我虽是女儿身,难道就不能为父母分担忧愁、不能担负起卫国保家的责任,像男子一样从军打仗吗?"所以,木兰决定女扮男装,替父从军,面对木兰的惊人之举,父母既激动又十分担心,一个弱女子混在男人堆里拼搏厮杀,怎能让人放心得下?可是,不让她去,父亲及全家都将被治罪。

木兰看出了父母的心思,安慰道:"父母放心,女儿此去征战边关,既为朝廷又为全家,即使战死沙场也无遗憾。"父母见女儿态度坚决,只得流着泪送木兰走上了征途。

从此,花木兰跟随军队转战千里,驰骋沙场。耳边听到的不是父母亲切的呼唤,而是"燕山胡骑鸣啾啾""黄河流水鸣溅溅";见到的不是父母姊妹熟悉的笑脸,而是荒漠凄凉的战场;手中拿的不是绣花的针线,而是沉甸甸的刀枪。

谁也说不清木兰究竟经受了多少苦难,可是没有任何困难能让木兰屈服,反而使她受到磨炼,变得越来越坚强。

花木兰从军整整 12 年,她作战十分勇敢,屡立战功,受到人们的爱戴,可谁也没有想到在自己身边与自己并肩作战的这位勇敢的战士,竟会是一个裙钗女子。直到很久以后,花木兰女扮男装的事迹才逐渐传开,人们惊叹不已,不仅佩服她的胆识和勇气,也为她替父从军的孝心所感动。以后,人们怀着敬仰的心情广泛地传颂着她的故事,她也一直受到我国人民的崇敬。

魔力悄悄话

孝道的确是非常重要的一个品质,不过应当指出的是,封建孝道中也有许多落后、愚昧的因素。因此我们在继承和弘扬中华民族的传统美德的时候,应当注意去其糟粕,取其精华。

与邻为善，与人为善

邻里是人们居家生活中比屋相连、守望相助的小型自然群体，它对人的成长特别是青少年的成长有着重要的熏陶作用。

因此，古人不仅注意择邻，还非常重视搞好邻里关系，认为"远亲不如近邻"，讲究与邻为善，亲善邻里。处理邻里人际关系时，提倡互敬、互爱、互助的道德要求。

书中古人在这方面的典型，大致可以分为四类：亲善邻里，首先要以仁爱之心对待邻居，搞好团结。晋代朱冲、明代杨翥处理邻里矛盾时不是针锋相对、寸土必争，而是以自己的忍让、大度化解冲突，感化对方，从而达到团结的目的。

第二类表现了邻里间相互帮助的美德。清代解善人在家乡遭受自然灾害时，拿出自己的钱财救济贫困的乡邻；酒店老板接济穷书生王筱岚，鼓励他积极进取，使他从颓废中振作起来，终于获得成功；北宋于令仪捉住被生活所迫偶尔"行窃"的邻居之子，没有惩戒或送官，而是在对他进行严肃教育的同时予以慷慨的帮助，把他从堕落的边缘拉了回来。

第三类是帮助孤寡，中国自古有"老吾老以及人之老"的美德，唐代著名诗人杜甫善待邻居老妪，当得知自己的亲戚不再给老人提供方便时，便对他进行劝说，使老人生活有靠。清初张姓青年奉养邻居孤寡老妇，多年如一日，视之为自己的母亲。

第四类则是当邻居有危难时挺身而出的事例。明代王玉涧暗自出资为邻居送聘礼，成其好事；晋代刘敏元在邻居老翁被强盗捉住时，不顾自己的生命危险，舍己救人。这些事例至今读来仍然十分感人。

总之，亲善邻里是人际关系团结友爱的重要内容之一，它所体现的是相互关心、相互爱护、相互帮助的精神。

今天，我们在进行精神文明建设的过程中，更应注意搞好邻里关系，从而为我们的生活造就一个和谐的生活环境,形成良好的社会道德风尚。

下面我们就来看看两位与邻为善、与人为善的千古佳话。

故事 1:

清朝康熙年间,安徽桐城有个才子,叫张英。他中了进士后,深受皇帝赏识,官越做越大,直至会殿大学士兼礼部尚书。

张英在京城做了高官,桐城老家的人便一个个神气起来。这一年,张家打算扩大府第,便在邻居身上打主意,要邻居让出三尺宽的地面,以便张家修葺院墙。

这家邻居也是桐城的一大户——叶府。叶府主人是与张英同朝供职的叶侍郎。

叶府对张府侵占府宅的要求,根本不买账。张家的人见叶府寸土不让,便撺掇张夫人写了一封信,派人送到京城。家里人以为,张英是"张宰相",声势赫赫,官比叶侍郎大得多,只要张英和叶侍郎说一说。问题就可以解决了。

张英看了信后,对家里倚官仗势,欺凌乡里的不端行为,十分不满。深感忧虑。

于是张英便写了一首回复老夫人的诗:"千里家书只为墙,让他三尺又何妨? 万里长城今犹在,不见当年秦始皇!"

张夫人看完了这首诗,对自己的心胸狭隘感到十分惭愧,同时也十分赞赏张英宽厚行为,于是立即派家丁把自家的院墙主动拆了,然后退后三尺,重新建了一道墙。

叶府的人听说张府派人进京,正感到焦急不安,忽然看见张府让地三尺,十分困惑。

派人一打听,才知道是张英的主意。叶府连忙把情况禀告了叶侍郎。叶侍郎听了之后也很感动。同时,叶侍郎家里的人也把自家的院墙后移,让出三尺。

这样一来,张、叶两家院墙之间就空出了六尺的地段,形成了一条巷道、两家人为了争三尺地界,大有一触即发之势。张英的一首诗,化干戈为玉帛,两家也因此结成了通家之谊。

这事在桐城和京城中传了开来,人人都称赞不已,都夸张英待人宽厚,在与人的交往中有"雅量"。

故事2：

杜甫(公元712—770年)是唐代伟大的现实主义诗人,他对劳动人民的疾苦总是倾注着深切的关怀和同情。陕北民歌"唐朝诗圣有杜甫,能知百姓苦中苦",充分反映了杜甫与人民的心连心的血肉关系。

唐代安史之乱的爆发,打破了杜甫的平静生活,把他从社会上层卷入社会底层。杜甫晚年漂泊西南,过着流浪的生活。公元766年,杜甫来到四川夔州(州府名,在今四川奉节),在漾西筑草堂居住,草堂四周修竹茂林环绕,环境清静。特别是草堂前的几株枣树,到了秋天,树上挂满了红枣,显得格外夺目。

草堂西边不远处,住着一位邻居。她无儿无女,家徒四壁,没有任何财产,房子已是破烂不堪,是一位孤苦伶仃的老妇人。平时以糠菜聊以充饥;秋天,枣子成熟的时候,她常到杜甫的草堂前来打枣,以枣充饥。桂甫知道这位老人的家境和身世后,对她十分同情,树上的枣任其扑打,从不干涉。有时为了打消她的顾虑,还对她表现得格外亲切友善。

第二年,杜甫从草堂搬到了几里路远的东屯居住,把草堂借给一个从忠州(州名,辖今四川忠县、丰都、垫江、石柱等县)来的姓吴的亲戚住。这位吴姓亲戚搬到草堂后,为了居住方便,在草堂周围稀稀疏疏地插上了一圈篱笆。

老妇人误认为草堂新主人不准她打枣子了,就跑到杜甫那里哭诉她的苦处。杜甫听了很是震惊,他知道如果姓吴的亲戚真的不准老妇人打枣的话,这无异于断了老妇人的一条生路。老妇人走了之后,杜甫心潮澎湃,挥毫写一首诗,这就是著名的七律诗《又呈吴郎》:

> 堂前扑枣任西邻,无食无儿一妇人。
>
> 不为贫困宁有此? 只缘恐惧转须亲。
>
> 即防远客强多事,便插疏篱却甚真。
>
> 已诉征求贫到骨,正思戎马泪沾巾!

这首诗的大意是:堂前枣熟的时候,我任凭西边的邻居来扑打枣子,因为我知道这位邻居是一个没有衣食,没有儿女依靠的老太婆啊。如果不是生活贫困的话,她怎么会这样做呢? 所以,每当她来打枣看到我而有些恐惧时,我反而对她更加显得可亲,以消除她的顾虑。现在,你一搬来,那老太婆就担心你这位远方来的客人会不允许她打枣子,可是你既然插起了篱笆,也就使无心变成了有意了。她向我哭诉,由于官家的横征暴敛,她穷得已是剩下一把老骨头了。每当我想起战争还没有停息,我不禁又是泪流不止啊!

诗中抒发了杜甫关心人民疾苦的炽热情怀。吴郎看了这首诗,为杜甫的真挚感情所感动,像杜甫一样对待老妇人,并拆除周围篱笆,消除了她的疑虑。

魔力悄悄话

以德交友是团结友爱的基本原则。健康的团结友爱绝非无原则的一团和气或哥们义气,而是建立在远大志向、高尚情操基础上的相互理解、相互关心、相互帮助。

如何与邻居友好相处

在我国有句俗话叫"远亲不如近邻"。现在,随着人们生活水平的提高,人们纷纷从平房搬进了楼房,邻里之间的距离也越来越远。然而,不管我们居住在哪里,还是应该和邻居保持好关系。其实,大家住在一起,都希望处理好邻里关系,相安无事。可仍有不少人家事与愿违,经常为一点小事,或为共用厨房、公用厕所,或为孩子打架等产生纠纷,甚至反目。而凡是与邻居保持良好关系的家庭,大都比较讲究邻居礼仪。

邻居礼仪有许多讲究,最基本的礼仪有以下两点:

(1)彼此尊重。一栋楼或一个院子里,住着各种各样的人。但不论从事什么工作,无论职位高低,每个人在人格上和法律面前都是平等的。因此,大家应彼此尊重,见面时互相问候,至少应点头致意。邻里之间同居一处,容易了解各家的生活习性。但千万不要打听人家的隐私,更不要东家长、西家短,或捕风捉影,搬弄是非,以免邻里之间产生矛盾和纠纷。

(2)互相关照。住户之间为邻居,生活在一个共同的空间之中。大家应讲究社会公德,注意维护环境卫生,合理使用院内天井和楼道空间。公用电灯坏了:立刻买新灯泡换上;楼梯脏了,及时打扫干净。做一些事情或娱乐时,要为邻居着想。例如,不要在隔壁邻居午休时,往墙上敲敲打打;晚上听歌曲或音乐,不要把音响的声音开得太大,以免影响邻居的生活和休息。

魔力悄悄话

当邻居家夫妻吵嘴、打架,闹得不可开交时,作为关系不错的邻居,不要袖手旁观,更不能火上浇油,应当酌情劝架,积极做调解工作。

同志为朋,同道为友

孔子说:"有朋自远方来,不亦乐乎!"朋友是对生活有重要影响的人际关系。古人认为,同志为朋,同道为友,十分注重"择友"。"以德交友",就是以德为标准选择朋友,以德去建立友谊、维持友谊、发展友谊,而反对酒肉朋友、利害之交、钱财之交、势利之交。因此,以德交友是团结友爱的基本原则。健康的团结友爱绝非无原则的一团和气或哥们义气,而是建立在远大志向、高尚情操基础上的相互理解、相互关心、相互帮助。

团结协作是在共同抱负、情操基础上建立的友谊。春秋时管仲和鲍叔牙之交,俞伯牙和钟子期的友谊,自古以来就被视为知己与知音的典型。这里的"知己"并非一般的了解,而是在共同抱负与追求上的深层次的理解;"知音"也并非只听得懂高深的音乐,而是在高尚境界的相互理解的基础上产生的情感的共鸣。

人们常用"知音"一词形容朋友之间的深情厚谊,说起"知音"一词的来历,还有一段脍炙人口的故事呢。

春秋时期,有位著名的琴师姓俞名瑞,字伯牙。他曾拜当时的大琴师成连先生学琴,学了三年,没有多大的长进。后来,他随成连先生游东海蓬莱山,听到大海汹涌澎湃的涛声,群鸟欢唱悲凄的叫声,对音乐的悟性大开,就操起琴弹奏起来,从此琴艺大长,享誉各诸侯国。遗憾的是,他的琴艺越高,就越难碰上知音。

伯牙本是楚国人,却在晋国做官,担任上大夫。他奉晋王的命令出使楚国,完成使命后,他辞谢楚王,从水路返回晋国,以饱览故国江山胜景,了却那刻骨铭心的故国之思。船到汉阳江口,已是傍晚时分,这天正是八月十五日中秋节,突然狂风巨浪,大雨倾盆,行船受阻,便把船停靠在汉阳江口的山崖之下。不久,风停浪静,天空明朗,一轮圆月高挂天空。雨后的月亮越发显得明净迷人，向远山播撒了一层银光，江面上波光粼粼，空气清新，沁人肺腑。这美景，怎不令人心旷神怡呢？

伯牙一时琴兴大发，急命书童焚香摆琴，坐下来调好弦，专心致志地弹奏起来。弹奏间，一抬头，他猛然发现山崖之上有一个人，一动不动地站在那儿，他心里一惊，手指稍一用力，一根琴弦"啪"的一声断了。

伯牙心里正在疑惑，突然那人大声说："先生不要疑心，我是打柴的人，因打柴下山晚了，遇上大雨，在山岩上避雨，听到先生弹琴，琴艺绝妙，不由得驻足听琴。"

伯牙心想：他是一个樵夫，怎么能听懂我弹的琴呢？于是就和他攀谈起来："你既然能听琴，那么请说说，我刚才弹的是什么曲子呢？"

那人笑着说："先生刚才弹的曲子是'孔子赞叹弟子颜回'的琴曲，弹完第三句的曲子时，可惜琴弦突然断了。"

伯牙听了大喜，想不到这荒山野岭之中，居然有人能听懂他弹琴，便邀请那樵夫上船细谈。那樵夫走上船来，伯牙借着月光看那人，果然是樵夫装束，身材魁梧，举止气度不凡。伯牙给他让座，那樵夫一眼看见伯牙的琴，审视一番，说："先生这琴可不是一把普通的琴啊！"

伯牙闻道："难道你还知道这把琴的来历？"那樵夫说："这是瑶琴，传说是伏羲氏所造。"伯牙又是一惊，心想，这樵夫肯定不是一般的人。那樵夫接着说这瑶琴当年是如何截取上等梧桐木料精心制作而成的，最初只有五根弦，后来周文王添了一根弦，称之文弦，周武王又加一根弦，称之武弦，共七根弦，所以叫作文武七弦琴。又讲到瑶琴有什么优点，在什么情况下不弹琴，怎样才能弹好它等等，对瑶琴的一切都了如指掌。

伯牙心中不仅佩服那樵夫的知识广博，更是觉得惊奇。但是，转而又想，也许他是凭记忆得来的学问，何不弹奏几曲给他听听，考他一考。

主意已定，伯牙边与那樵夫交谈，边把琴弦续好，请那樵夫辨识所弹的曲调。伯牙说话虽然不露声色，但心里已暗暗确定了弹奏的内容，这次不弹现成的曲子，而是按自己随意所想，用琴把所想的情境表现出来。

他沉思了一会，手起时，琴声雄伟、高亢、激越，使那樵夫产生了共鸣，情不自禁地赞叹道："好啊！挺拔巍峨，气势磅礴，先生把高山的雄峻表现得太深刻了。"

伯牙不露声色，凝思一会，又弹奏起来。这次完全是另一种风格的曲调了,那樵夫不禁又赞叹道:"好啊!弹得太好了,低似涓涓细流,亢如波涛汹涌,浩浩荡荡,幽回九转,先生把潺潺流水述说得太形象了。"

伯牙大惊,那樵夫竟然两次都把自己所想所弹的说得丝毫不差。这时,伯牙才想起问对方尊姓大名,那樵夫名叫钟子期(生卒年不详),伯牙也报了自己姓名。伯牙弹琴那么长时间了,走过的地方也不少,还没遇到过像钟子期这样知音的人,钟子期久居乡里,更没有碰到过技艺像伯牙这样高明的琴师。两人都大有相见恨晚之感。伯牙吩咐仆人上茶斟酒,两人边饮边谈,当即结拜为兄弟,并约定第二年的中秋节在汉阳江口相会。两人一直谈到天亮,挥泪而别。

第二年中秋节,伯牙按约定日期赶到汉阳江口。可是,等了好长时间,始终不见钟子期出现。与去年相同的一天夜晚,同一个地点,同样的月光,就是没有知音钟子期了!伯牙触景生情,心急如焚,便弹琴来召唤钟子期,那思念知音的琴声在夜空中飘荡,传向远方,可是,钟子期还是踪影全无。伯牙躺在床上,辗转反侧,怎么也睡不着,好不容易等到天边发白。伯牙急忙起床,梳洗之后,背上瑶琴就向钟子期居住的集贤村走去。

当他走到一个十字路口,正不知该走哪条路的时候,一位满头白发,面容憔悴,一手拄拐杖,一手提着竹篮的老人走了过来。伯牙赶快上前施礼,打听集贤村的钟子期,并说自己是他的朋友俞伯牙。

老人听了俞伯牙的话,老泪纵横,竟然痛哭起来。俞伯牙感到蹊跷,不知所措,只听到那老人说:"我就是子期的父亲。自从你们分手后,子期因劳累过度,积劳成疾,已不幸离开人世。他曾经告诉过我,去年的八月十五中秋节晚上曾经和先生在江边相会,并约定今年八月十五中秋节再见面叙旧。他临死前留下遗言,死后把他埋在江边,能听先生弹琴。"

伯牙听了老人的述说,悲痛不已。在老人的引导下,他来到江边子期的坟前。眼望江面,去年八月十五的情境又历历在目。可是,事过境迁,自己唯一的知音—钟子期已长眠地下了,怎能不令人伤感呢?

伯牙架起瑶琴,席地而坐,弹奏起来。琴声哀怨,如泣如诉,充满了伯牙对子期深深的怀念之情和对子期逝去的悲伤之痛,但是,这些,谁人又能理解呢?曾经有过,那就是子期。可是,现在唯一的知音已经离开了人世,今后自己还弹琴给谁听呢?琴声戛然而止。只见伯牙悲伤至极,他挑断琴弦,举起那珍贵的瑶琴,猛然砸在石块上,瑶琴被砸得粉碎。

为了纪念这两位"知音"的友谊，后人在汉阳的龟山脚下，月湖侧畔，筑起了一座古琴台。伯牙和子期见面时所弹的曲调"高山流水"也就成了友谊的象征，"知音"一词便成了亲密朋友的同义词。应当指出的是，这个故事所说的"知音"绝不能简单地理解为能听懂乐曲，而是表现了钟、俞之间基于共同志趣、情操的相互理解，这才是"知音"的实质。

魔力悄悄话

"以德交友"，就是以德为标准选择朋友，以德去建立友谊、维持友谊、发展友谊，而反对酒肉朋友、利害之交、钱财之交、势利之交。

树立共同理想，团结奋进

朋友之间的团结有一类可以称之为革命友谊，章太炎和邹容、谭嗣同和唐才常都是近代民主革命的志士，他们团结合作的纽带，是为中华民族振兴。反对封建专制、建立近代民主主义的献身精神。

今天，我们要讲团结友爱，更不能搞无原则的一团和气，而应该坚持以德交友，真正在志同道合的基础上建立友谊，互相理解、互相关心、互相帮助。只有这种友谊才牢不可破，才是高尚的友谊。

章太炎与邹容都是中国近代史上著名的革命志士，他们虽然相差 16 岁，却在革命斗争中结下了兄弟般的情谊，他们在革命期间的团结合作，至今为世人所传颂。

章太炎（1869—1936），是中国近代民主革命家、思想家，名炳麟，号太炎，浙江余杭区人。1897 年与汪康年、梁启超、夏曾佑等人一起创办《时务报》。宣传民主思想。因参加维新运动，受到清政府的通缉，于 1989 年辗转台湾逃亡日本，1902 年与蔡元培先生创办上海爱国学社，1903 年初发表了著名的《驳康有为论革命书》，走上了民主革命的道路。

邹容（1885—1905），中国近代民主革命烈士，原名绍陶，字蔚乙，四川巴县人。1902 年留学日本，参加留日学生爱国运动，1903 年春回国，在上海爱国学社写成《革命军》一书，宣传革命是"天演之公例（社会发展的必然规律）"，号召推翻腐朽的清朝统治，建立中华共和国。

章太炎与邹容就是在上海爱国学社相识的。两人都立志革命，志趣相同，很谈得来。邹容写好《革命军》一书后，送给章太炎看，并请他作序，这时，章太炎已发表《驳康有为论革命书》，与邹容的《革命军》的观点很是投合。章太炎看了《革命军》之后，拍案叫好，欣然接受了邹容的请求，为《革命军》作序，并帮助他于 1903 年 5 月在上海大同书局出版。章太炎又把邹容的书推荐给当时的革命报纸《苏报》，5 月 14 日，《苏报》发表《读＜革命军＞》

文,阐述《革命军》一书的观点。从此,两人的友谊更是深笃。章太炎当时 35 岁,邹容 19 岁,两人相约结为兄弟之谊,成了"忘年交",立志为革命事业携手奋斗。

《革命军》一书出版,《苏报》又发表文章加以宣传,使邹容和他的《革命军》一书影响日增。清政府非常恐慌,下令查禁《革命军》,又勾结上海帝国主义租界当局,查封了《苏报》,通缉章太炎、邹容以及《苏报》负责人陈范、爱国学社负责人蔡元培。这就是著名的"苏报案"。陈蔡二人逃到国外,章太炎被捕。邹容因当时不在家,得到通报后,隐蔽在虹口的一个英国传教士家里。

1903 年 6 月 30 日,反清斗士、革命家章太炎被捕,关在上海英国的巡捕房里,罪名是他为邹容的《革命军》一书写序言,而《革命军》这本书在清政府和英美帝国主义者看来,是一本犯上作乱的书。清政府还要逮捕这书的作者邹容。

这时邹容已在友人帮助下躲起来,但当听说章太炎被捕的消息后,不愿让自己敬重的战友、老师一个人承担责任,他自动到英国巡捕房去坐牢,两人同被关在帝国主义的监狱里。

在这暗无天日的牢狱里,这一对战友、师生受尽了酷刑的摧残、人身的侮辱和苦役的折磨,但他们坚贞不屈,互相支持,互相激励,决心把推翻清王朝统治的斗争进行到底。

一天,章太炎写了一首《狱中赠邹容》的诗,诗是这样写的:

> 邹容吾小弟,披发上瀛洲(指日本)。
>
> 快剪刀除辫,干牛肉作糇(干粮)。
>
> 英雄一入狱,天地亦悲秋。
>
> 临命须掺手,乾坤只两头。

最后两句诗的意思是:即使是死的时候,我也要和你携起手来同死;天地间我们两人立志革命,扭转乾坤,挽救祖国的危亡。

这首诗给邹容很大的鼓舞,他也回了一首《狱中答西狩》(西狩即章太炎)的和诗,诗的最后四句是:

一朝沦为狱,何日扫妖氛?

昨夜梦发汝,同兴革命军。

从诗中可以看出,邹容和章太炎一样,反对腐败清政府的意志是多么的坚强。

在监狱里,他们吃的是麦麸饭,粗糙难咽,消化不了,还时常挨打。章太炎说:"我们身体都很虚弱,又不能忍受这种凌辱,肯定不能活着出去了。与其被他们凌辱而死,还不如现在以死来抗争,这样,即使死了,也还算有所作为。"邹容表示同意,但章太炎又说:"你判二年,我判三年,你又比我年轻,应该活着出去,继续为革命事业去奋斗。"邹容不赞成,抱着章太炎痛哭起来,说:"你我兄弟,情同手足,应该同生死,共患难,为了革命事业我们还是应该活下去,要死的话,我们也应该一同赴难,小弟在所不辞。"章太炎为抗议监狱当局的迫害而准备绝食,邹容不同意采取这种斗争方式,更不愿章太炎为救自己而作出这种选择,一直苦言相劝,并悉心照顾已开始绝食的章太炎。后来,在邹容的耐心劝说下,章太炎最后放弃了绝食。

他们入狱一年,同狱的五百人中有160多人病死、饿死或被活活打死,由此可见他们的境况之惨!狱卒对他们的态度也与日粗暴,稍有一些不顺眼,就用棍棒乱打,或施以酷刑。章太炎先因不满狱卒欺凌,被毒打了两次,后又因给狱外写信,又被毒打三次,轻的就无法计算了。邹容也挨了不少打。他们每次挨打时,气愤不已,无法忍受这种迫害,总是以拳还击,或者夺下狱卒手中的棍棒打狱卒,每每这样,他们受到的惩罚就更惨烈。每次发生这样的事后,他们都相互照顾,相互安慰,激励对方坚持斗争。俗话说,不怕死者勇。狱卒知道他们是不怕死的人,也不敢再轻易打他们了。

邹容年少坐狱,狱卒欺侮他小,多次打他,他心里总是处于激愤之中,吃的又是些麦麸饭,饿得面黄肌瘦,多次拉肚子,于1905年正月就病倒了。他整天整天地发烧,昏昏欲睡,心里烦闷又睡不着,半夜常常自言自语,通宵达旦处于头脑不清醒状态。章太炎很着急,白天黑夜地照顾他。章太炎读过一些医书,知道邹容需吃黄连、阿胶、鸡蛋、黄汤加以调理,才可痊愈。他向监狱长提出自己为邹容治病,不允许;他又提出请医生,还是不允许。这样,邹容于1905年农历二月二十九(公历4月3日)半夜,死在狱中,时年21岁。

当天晚上,章太炎照料邹容到深夜,疲惫不已,就模模糊糊地睡着了,待到天亮时,发现邹容已经去世,他悲痛欲绝,抚尸痛哭,悲彻之音,感人泪下。他们为了革命事业相识相知,走到了一起,也是为了革命事业,他们一起坐牢,相伴牢中,结下了深厚的友谊。没想到这位血气方刚、才华横溢、比他小16岁的可爱的年轻人,却先他而去了,他怎能不声泪俱下呢!

一年后,章太炎出狱赴日本。在日本,他成立了光复会,自任会长,后又参加了孙中山先生的中国同盟会;为革命事业战斗不息。无论到哪里,他都没有忘记曾与自己生死与共,为革命事业献出自己年轻生命的邹容。为了怀念和纪念邹容这位为革命事业献身的革命志士,章太炎还先后写了《邹容传》《赠大将军邹君墓志表》等文章,以此来激励、鞭策自己和同胞,革命到底,忠贞不渝。

魔力悄悄话

讲团结友爱,更不能搞无原则的一团和气,而应该坚持以德交友,真正在志同道合的基础上建立友谊,互相理解、互相关心、互相帮助。只有这种友谊才牢不可破,才是高尚的友谊。

团结协作是中华传统美德

团结友爱就是要建立和谐的人际关系,良朋益友的深情厚谊是人际和谐的重要体现。但人生的交际绝不仅仅限于朋友,同学、同事、同志之间的往来,也是重要的人际关系和团结友爱的重要内容。它们与朋友既有联系又有区别,处理这些关系的道德原则与规范,同对友谊的要求有所殊异,也不同于一般社会公德。

团结友爱的原则,要求在与人交往的过程中,待以谦让、宽容的态度。当处理与他人的冲突时,只要不是原则性的对立和根本矛盾,就应当不计个人恩怨,服从大局。中国人历来强调"和为贵"。然而,"和"并非无原则的调和、妥协。对于自己的错误及他人的批评,绝不能文过饰非,心生怨恨;对于同学、同事、同志乃至朋友的过失,一方面不能苛刻非难,另一方面又需进行严肃的批评、诚恳的劝谏,帮助他们认识和改正错误,从而在更高层次上建立和谐的关系。此即所谓"进善贵和",这也就是今天我们所提倡的"从团结的愿望出发,经过批评与自我批评,达到团结的目的"。这样才能相互帮助,共同进步。

魔力悄悄话

我们应当认识到,团结友爱不仅是人际关系的亲善,还是社会安定,个人进步的重要保证。团结就是力量。团结、和善正是中国人民的传统美德。

学会宽容,以德服人

古人在团结协作方面做出的榜样,有一类团结表现了宽容、和善的美德。汉初萧何、曹参本是出生入死的朋友,后因封赏差异导致曹参对萧何的不满,但萧何临终前仍举荐曹参为相。唐代狄仁杰曾得娄师德极力举荐,但狄仁杰却轻视、排挤他,娄师德并未因此而心生怨恨。

萧何(?—公元前193年),沛县人,西汉初期的政治家,汉朝的第一任宰相,为建立汉朝基业及西汉初期的繁荣立下了不可磨灭的功勋。曹参(?—公元前190年)也是沛县人,他是刘邦打天下时的名将,战功卓著。

起初,萧何和曹参都在秦朝末年的沛县衙门里任小职员,他们不仅是同乡,而且关系十分密切。后来,秦朝日益腐败,秦王的暴政使老百姓怨声载道,陈胜、吴广揭竿而起,发动农民大起义,推翻了秦朝的统治,结束了秦王的暴政,却带来了群雄并起的局面。萧何与曹参跟随刘邦起兵争雄,经过多年的角逐,打败了项羽,统一了天下,奠定了汉代基业。两人合作共事,同心同德,是刘邦的左右手。他们之间的关系也一直很好。可是,到西汉建立,从汉高祖刘邦封侯拜将时起,萧何和曹参之间的关系就恶化了。先是汉高祖论功行赏,大家都为功劳大小的问题争吵不休,以致这事拖延了一年多还没确定下来。高祖认为萧何的功劳最大最多,因此,力排众议,封萧何为酂(cuó)侯。许多功臣对此都不服气,当然,也包括曹参在内。封侯结束,接下来就是排位次的问题,不少人推荐曹参排第一,高祖觉得在封侯的时候,那些功臣已经有些不服气了,到了排列位次,高祖虽然口头上没有反对他们的意见,但是心里仍然想把萧何排第一。这时,一个叫鄂千秋的人发表了不同意见,认为应该萧何排第一,曹参排第二。高祖便顺水推舟,表示同意,确定萧何排第一。曹参自认为有战功,比萧何功劳多,但封官晋爵时,萧何处处占先,因此,心里对萧何产生了忌恨,总是与萧何对着干,或者采取不合作的态度。两人关系就这样紧张起来。

　　汉高祖刘邦百年后,汉惠帝即位,萧何仍然担任宰相,惠帝很敬重萧何,处理朝政事事与萧何商量。萧何患重病,汉惠帝亲自去看望萧何。大家心里都很明白,萧何已年迈力衰,弥留世上的日子不长了。萧何本人对此也很清楚。而他的相位继承人问题,是事关汉代兴衰的大事啊! 汉惠帝带着这份担忧问萧何,说:"你去世后,谁可以代替你担任宰相的重任呢?"萧何说:"有谁能像皇上那样知道我的心思呢?"惠帝说:"曹参怎么样?"萧何点头说:"皇上如能得到曹参的辅佐,我死后就没什么担忧了。"萧何并没有因为个人之间的成见,而埋没了曹参的才能。萧何去世后,曹参成为西汉第二任宰相。

　　曹参接任宰相后,对所有的规章制度都没做任何更改,一切都按萧何的做法去做。而自己终日在相府中饮酒,无所事事。惠帝以为曹参看不起他,对曹参很有意见。曹参对惠帝说:"高祖比陛下贤明,萧何比我能干。高祖和萧何平定了天下,制定的各种法令已经非常完备了。陛下只要垂衣摸手,不必多操心,天下自然而然就太平无事了。我只要一切都遵照萧何的办法去做,就一定会把事情做好的,您说对吗?"惠帝同意了他的看法。曹参做了三年宰相就去世了。后来老百姓编了一首歌谣,歌词的大意是:萧何制定了法规,严明而又完备。曹参继任宰相,严格遵守,一点也不疏忽。有了他这样宽松的政策,人民生活安定,没有烦恼。因此,后来就有了"萧规曹随"这个成语。

　　萧何与曹参虽然存在过矛盾,但萧何始终不计前嫌,举荐曹参,而曹参也不因萧何已死,就否认萧何的功绩,而是公开地承认自己不及萧何,尊重萧何治国的举措。萧、曹两人这种以国家利益为重,不计私怨的品德,在封建时代确实是难能可贵的。

魔力悄悄话

　　所谓"进善贵和",这也就是后来毛主席所提倡的"从团结的愿望出发,经过批评与自我批评,达到团结的目的"。这样才能相互帮助,共同进步。

不计私仇,以德报怨

团结协作的有一种态度是以德报怨。唐代李吉甫曾因陆贽弹劾被贬,陆贽后来又因故被贬为李吉甫的下属,李吉甫摒弃前嫌、礼待陆贽。他们都以自己的宽厚赢得了别人的友谊。

陆贽(754—805)是唐朝苏州嘉兴(今属浙江)人,字敬兴。唐德宗即位后,任命陆贽为翰林学士,参与制定国家重大政策(公元783年)。

唐德宗在躲避奉天之难时,许多诏书都由他起草,并对平定叛乱发挥了重要作用。

公元792年被任命为中书侍郎、同平章事(相当宰相)。他勇于指陈弊政,揭露两税法实行后的各种积弊,主张废除两税以外的一功苛捐杂税,直接以布帛为计税标准;还建议在边境积蓄存贮粮食,改进防务等等。也就因为如此,他被裴延龄所谗,794年冬被罢免宰相,次年被贬为忠州别驾(官名,辅佐刺史的官员)。

陆贽担任宰相时,赵郡(今河北赵县)人李吉甫担任驾部员外郎,管理全国交通和邮政事业。

一次,因工作失职,陆贽参奏皇上,把李吉甫贬谪为明州长史,不久,李吉甫又被提拔为忠州刺史(州郡的最高行政长官,相当于太守)。现在,陆贽被罢免宰相,贬谪为忠州别驾,就成了李吉甫的部下。

初到忠州(州名,唐朝设置,辖今四川忠县、丰都、垫江、石柱等县),陆贽的兄弟、门下都为他的命运担忧。

当年,陆贽上奏贬谪李吉甫是秉公办事,但现在陆贽落在李吉甫手里,李吉甫也来个秉"公"办事,公报私仇,那是易如反掌的事。

陆贽心里也忐忑不安,虽然他也信奉"心底无私天地宽"的古训,但是,他在官场这么多年,官场中的尔虞我诈,也是很清楚的,李吉甫即使不公然报复自己,就是常常给自己穿穿小鞋,也够自己好受的了,在别人看来也是情理之中的事。看来自己只有挨整受气的份了。

然而,当听到陆贽已遭贬谪来忠州的消息,李吉甫并没有想到要对陆贽落井下石进行报复。

他一向敬重陆贽的才干和为人,陆贽当初对他的处理。他是心悦诚服的,如果自己身居陆贽的位置,他也会这么做的。现在,陆贽被人所谗;贬来忠州,肯定心情复杂,对自己怀有戒心,我作为曾有类似经历的人,更应该体谅他的处境。

李吉甫从陆贽到忠州的第一天起便对他以礼相待,常到他家问寒问暖,为他家解决实际困难,把陆贽当作朋友和德高望重的长者对待,从来不提过去曾经发生过的事情。

李吉甫的所作所为使陆贽感到不安,而李吉甫担心的正是陆贽不会信任他。于是,李吉甫每天都寻找机会与陆贽亲近,拉家常,家里有好菜就邀陆贽到家里,两人举杯对饮,谈论忠州政务,并时常请教一些问题,就像平生交往深厚的朋友。

陆贽起初一直对李吉甫心怀疑虑,言行谨慎,后来,时间一长,陆贽便感受并确信了李吉甫对他的诚意,他们之间的心理距离渐渐缩短了,两人建立了深厚的友谊。

当时的人们对李吉甫的博大胸怀无不交口称赞。

团结协作中还有一类是不计个人恩怨,服从大局。宋代赵概很佩服欧阳修,后者却经常贬抑他。当欧阳修受诬告时,没人愿意为他申辩,赵概却从大局出发,向皇帝上书陈情。王旦与寇准,也是这样的一对同事。尤其突出的是三国时陆逊受到淳于式的批评,不仅不心生怨恨,而是认真反省,并极力向朝廷举荐淳于式。其中最有名的是战国时赵国将相和的故事,至今仍脍炙人口。蔺相如以大局为重的宽广胸怀,终于感化了廉颇,令其负荆请罪。

廉颇是战国时期赵国的大将军,为赵国南征北战,立下了赫赫战功。

蔺相如原是赵国一个宦官的门客,他有胆有识。有勇有谋,很有辩才。他受赵王的派遣出使秦国,不辱使命,完璧归赵。赵王认为他很有才干,就任命他为上大夫。

从此,蔺相如便成了赵国政治舞台上举足轻重的人物,他的聪明才智也因此得到了发挥。当时,战国七雄争霸,秦国尤其强大,又与赵国是邻国。

团结——众人拾柴火焰高

公元前279年,秦王提出约定在渑池与赵王相会。秦王强暴,其用心不可预测。赵王害怕,不愿去,蔺相如力劝赵王赴会。在渑池之会上,蔺相如不畏强秦,智斗秦王,使企图羞辱赵王的秦昭王始终没有占到便宜,维护了赵国的尊严,大煞了秦国的威风。渑池之会后,赵王认为蔺相如的功劳很大,就任命他为上卿,官位在廉颇之上。

老将廉颇对此十分不满,认为蔺相如是一个宦官的门客,地位低下,仅凭舌辩之能就取得这样的高官厚禄。他呢,是赵国的将军,有攻城野战、保卫国家的汗马功劳。现在,蔺相如竟位居他之上,他感到是一种耻辱,他对外扬言:"我如果碰上蔺相如,一定要羞辱他一番。"

廉颇的话传到蔺相如那里,蔺相如并没有显得不满,还是和平常一样,不动声色,只不过总是避免碰上廉颇。上朝时,蔺相如总说自己有病,借故待在家里;出门时,看见廉颇来了,就绕道避着他走。老将廉颇非常得意,认为蔺相如一定是害怕他了。

有一次,蔺相如外出办事,与廉颇相遇。远远地看见廉颇过来,他就赶忙命车夫掉转车子另走他路。这可使他的属下感到很难堪,跟随这样一个胆小怕事的主人,叫他们脸上也无光。这次,他们再也忍受不住了,对蔺相如说:"我们之所以离别亲人故友来追随您左右,是仰慕您的才干和胆识。您和廉将军都位居高官,廉将军屡次恶言攻击您,而您像老鼠见了猫似的躲躲藏藏,不敢露面。这种事连普通老百姓也会感到耻辱啊,何况您呢? 您能够忍受。我们可容忍不下了,还是请您允许我们走吧!"蔺相如再三挽留他们,平静地对他们说:"依你们看来,廉将军与秦王哪个强大呢?"大家异口同声地说:"当然是秦王强大。"蔺相如又说:"以那秦王的权威,我尚且敢在大庭广众之下羞辱他和他的大臣,难道我会怕廉将军吗? 强秦一心想吃掉赵国,它之所以不敢对赵国发动战争,还不是因为赵国外有廉将军御敌保国,内有我治理朝政,国力强盛。如果我们两人互相争斗,无论谁输谁赢,受害的还不是赵国吗? 大敌当前,我们应当避免矛盾,团结一心,共同防御强秦可能发动的进攻才是啊。我之所以躲避廉将军,避免与他发生冲突,并不是怕他。而是为了国家利益啊!"众人听了蔺相如的一席话,无不为他宽宏大度,顾全大局的胸襟所折服,再也不说"走"了。

蔺相如的话,不久传到廉颇老将军的耳中,他深为震动,觉得自己为了争地位就不顾国家利益,真不应该。于是他脱下战袍,光着上身,背负荆条,亲自到蔺相如府上请罪。蔺相如见廉颇来负荆请罪,连忙出来迎接。老将军诚恳地对蔺相如说:"我太浅薄了,没想到你有如此宽阔的胸怀。"

　　此后,蔺相如与廉颇摒弃前嫌,终于和好,成为生死与共的好朋友。他们齐心协力,共保赵国江山。有关他们"将相和"的故事,成为世代传颂的佳话。"将相和"的意思就是将相团结一致的意思。

魔力悄悄话

　　团结友爱的原则,要求在与人交往的过程中,待以谦让、宽容的态度。当处理与他人的冲突时,只要不是原则性的对立和根本矛盾,就应当不计个人恩怨,服从大局。

第八章

他人、集体和社会

　　人最怕的就是自己不认识自己。作为一个人,一个社会的人,尤其是一个职业的人,最重要的就是要找准自己的角色定位;所以,我们必须学会不时的问一下我们自己"我是谁"?

　　人们不认识自己的主要原因有三:

　　一是将自己的定位过高,高于自己实际可以承担的角色定位;

　　二是定位过低,低于自己实际可以承担的角色;

　　三是角色错位,定位与自己实际应当承担的角色不符!

集体宿舍中的团结

每一个学校都会有自己学校的宿舍制度,可你是否接受自己学校的制度呢? 宿舍作为学生的暂时的住所,可以让同学得到良好的休息。而较好的休息又有利于提高学生的学习效率。另外,在创造良好的宿舍环境时,也可以培养同学互相友爱、相互团结的精神。因此,住宿舍的同学都应该遵守以下几点:

(1)遵章守纪,模范遵守学生宿舍的管理制度,不做学校禁止的行为。

(2)互相尊重,互相关心,团结友爱。自觉遵守宿舍生活秩序,按时就餐、起床;上下床动作轻,拿东两声音要小,上铺翻身要轻,下铺要多给上铺同学方便。有事回来晚了应先说一声"对不起"。

(3)讲究卫生,爱护集体荣誉。平时注意搞好个人卫生,衣服要勤换洗,床铺勤打扫,被褥叠整齐,用具摆放合适。不随便在他人床上坐卧,未经允许,不随便挪动翻看他人物品。

(4)当学校有关人员进入宿舍时,学生应主动起立,问好、让座、热情交谈,当客人告辞时应以礼貌相送,并说"再见"或"欢迎再来",回到宿舍后,应轻轻关门。

(5)关心集体,自觉参加值日工作。主动搞好公共卫生,保持宿舍内整洁美观:清理的垃圾及时倒入垃圾通道内,不要堆放在走廊过道处。不在宿舍内吸烟。不往楼下扔杂物,泼污水。

(6)同学之间互相团结,互相帮助,和睦相处,对有困难和生病的同学要多关心照顾,同学间有了小矛盾要互谅互让,严以律己,宽以待人。

(7)在宿舍内不大声喧哗、打闹、跳舞、踢球,放录音机音量适宜,不要影响他人休息。

(8)爱护公共财物,养成节约用水、随手关水龙头、关灯、关门窗的好习惯。不在墙上乱写、乱画、乱钉;不向窗外、走廊泼水、乱扔果皮杂物;不往水池、便池内倒剩菜剩饭。

(9)讲究文明礼貌,以礼待人。当老师、家长或其他客人来访时,应主动向客人问好让座。交谈时声音不要过高,时间也不宜过久,如果被访者不在,应尽快帮助寻找,找不到时应让客人留言事后应及时转告。

最后,为了自己和他人的安全,不在宿舍乱拉电线或者乱用电器,不留外人在宿舍过夜。

魔力悄悄话

一个宿舍就是一个小集体,在和其他宿舍成员相处的过程中,要真诚。要相互友爱,要尊重别人的生活习惯,创造良好的生活环境。

正确看待他人、集体、和社会

我们每个人都要生活在集体中,每个人都不能离开他人、集体和社会。不管是工作、学习,还是生活,都无时无处不与他人、集体和社会发生这样或那样的联系。青年朋友一定会问,个人为什么离不开他人、集体和社会呢?

朋友们,人类是从劳动中产生的,劳动总是在一定的社会关系中进行的。人类从产生开始,就具有社会性,人是社会的动物。"创造人的是自然界,启迪和教育人的却是社会"。但人又不同于动物,人不但具有自然属性,更重要的是具有社会属性。任何社会都反映了一定集体的利益,也决定了个人的利益。个人利益依赖于一定的集体和社会,集体和社会又是实现个人利益的条件。个人与他人、集体、社会的关系就是这样既对立又统一的。

在原始社会里,我们的祖先使用石器、木棒等简陋的生产工具,在自然灾害频繁、野兽横行的恶劣环境中参加生产,他们经常采取简单的协作形式共同劳动,产品平均分配,这就使他们养成了朴素的集体、群众观念。他们认识到个人与集体、个人与他人是不可分开的,所以在生产、生活、生存过程中竭力维护这种关系。也就是说,人类一出现就体现了社会性、群体性。

随着生产和分工的发展,人类社会出现了阶级。从形式上看,在阶级社会里,人们似乎可以单独地进行生产,但人与人之间的相互交往、相互依赖却更为加强了。比如封建社会自给自足的小农经济,单个的小生产者既要同他人、同农民整个阶级发生联系,还要同封建地主阶级发生被剥削与剥削、被统治与统治的关系。只是在阶级社会中,由于生产资料的私有制,才把人与人之间的关系变成压迫与被压迫的关系。但这并没有改变个人对他人、集体和社会的依赖。就是文艺作品中的鲁滨孙,他能在荒岛上生活下去,也必须充分利用社会原先所给予他的智慧去获取食物、建造简陋的居室和准备逃离荒岛的木舟……他也离不开土人"星期五"。他的社会知识、生产技能、生活本领都来源于社会的启迪和教育。

团结——众人拾柴火焰高

人类社会发展到今天，文明水平达到现在的高度，个人与他人、集体、社会的联系，在深度和广度上远非前人可比。世界上万事不求人的人是不存在的，任何生活产品都是社会集体劳动和智慧的结晶。就拿穿衣来讲吧，要穿衣，就必须同服务行业（不管是个体还是集体的）、商业部门发生联系；商业部门又要同纺织工业部门发生联系；纺织部门的原材料又来自农民兄弟，又把农民（包括个体的、集体、国营的）联系起来了；而农民兄弟种棉需要的工具、肥料、科学技术等，又把工业部门、科研部门、教育部门联系起来了……可以说，人们的衣食住行都离不开他人、集体和社会，他人、集体和社会是每个人生存的必要条件。

科学技术同样离不开集体，人类认识世界和改造世界所取得的每一个进步。都靠的是集体的智慧和力量。一个人的发明创造，需要在千百个人失败的基础上出发。科学家的成功，不是只依赖于个人的思想，而必须综合千万人的智慧。大自然所表现出来的智慧形形色色，变化万端，为了赢得它，必须运用集体的知识和联合大家的努力。正如钱学森所说："现代科学技术的研究不能靠一个人的劳动……95%的科学技术都要靠集体，不能单干，单干没有生命力。当然并不是吃大锅饭，这个关系也是辩证的。"任何一个人的才智只有在一定的集体和社会中才能充分显示出来。"单独一个人可能灭亡的地方，两个人在一起可能得救"，人们团结在一起可以做出个人所不能做出的任何伟大事业。古往今来，各种有识之士和英雄豪杰。如秦皇、汉武、唐宗、宋祖，都曾有着辉煌的历史功绩，但他们谁也没有离开过他人、集体、社会和时代的力量。时势造就英雄。一个人只有在某个特定的社会中占有时代所需要的地位时，他才能显示出才能，干出大事业。个人好像一滴水、一粒沙，而集体的智慧和力量才能排山倒海。荷花虽好，还须绿叶相衬，这是历史唯物主义的一个重要思想。

魔力悄悄话

青年朋友，当你在社会主义的集体中设计自己的未来，规范自己的人生时，你将同他人、集体和社会一起前进。

要将团结做得更好

青年朋友之间相处,有时会发生一些不团结的现象。有的是因为在学习中互不服气;有的是因为计较个人的利害得失;有的则因为只和自己个性合得来的人在一起,而疏远和排斥他人……所有这些,都会影响彼此之间正常的人际关系,不利于丁作和学习,也不利于个人身心健康。

人们都羡慕球星,球星在一个球队里的作用可谓大矣!但是如果离开团结的球队,他们又将怎样呢? 美国大名鼎鼎的"篮球飞人"率公牛队四夺总决赛冠军。人们都说是"飞人"乔丹创造了公牛队,乔丹却说:"是公牛队队员造就了我。"是啊,离开了篮球队员的团结,球星不仅个人不能发挥作用,而且连队员也成为不了。

纵观古今中外,任何一个人的成功都离不开集体团结的力量。智勇双全的张良,若不是投靠了刘邦,单靠单枪匹马的行刺,能实现宏图大志吗? 离开了笛卡尔的启示和普里斯特等人的共同研究的科技成果,牛顿能提出"牛顿第一定律"吗?

单靠一朵美丽的鲜花,打扮不出美丽的春天,个人只有融入团结的集体才能实现宏伟目标。

作为一名中学生,我们有责任和任务为构造一个和谐校园而努力;为构建和谐社会而付出自己的贡献。

在我们校园生活中,和谐现象层出不穷。同学们热情帮助学习上有困难的同学,弯腰捡起校园里的纸屑,为生活上有困难的同学捐钱捐物。但是,由于部分同学思想观念的偏差,兴趣爱好的不同,导致不利团结互助的行为的发生,甚至有的同学为了满足个人利益而做出损人利己的事情。对于这些同学,我们要发扬团结互助的精神,热情的帮助他们,让校园不良现象销声匿迹,让我们的校园充满和谐,让我们每个人在团结互助的环境里学习、工作、生活,茁壮成长。

团结——众人拾柴火焰高

　　古人云：人心齐，泰山移。团结就力量。我们新一代的中学生要努力自己的团队精神和互助观，确立"一枝独秀不是春，百花齐放春满园"的思想。相信在我们实中人的努力下，团结互助之花定然会绽放于校园。

魔力悄悄话

　　一个国家、一个民族只有精诚团结，才能自立于世界，才能谋求进步和发展。特别是我们这些作为新世纪的接班人的青少年更应该学会团结。这样才能立足社会。继承和发扬中华民族的传统美德，也是我们作为炎黄子孙义不容辞的责任。

自我与忘我之间

董必武同志在 70 寿辰时,写过一首诗,其中两句是:"冲决诸网罗,首要在忘我"。"忘我"是衡量一个人精神世界的重要标志。"心底无私天地宽"。"忘我"才能"无私",才能待人以诚,助人为乐,先人后己,这也是老一辈无产阶级革命家给我们的精种财富,成了指导我们行动的一条准则。从当年中越边境自卫还击的战场,到近年汶川地震的灾区,涌现了一大批"忘我"的人。

任如东和王安年两位战士,给一线阵地运送罐头,每个人身上背了 25 公斤,在通过"生死线"时,两人同时被敌人的狙击步枪击中,肠子流了出来,如果他俩把背的罐头放下,相互包扎一下,不会有生命危险。但他们首先想到的是阵地上的战友,顾不得包扎,一米米地爬行,爬到猫耳洞口,爬在前面的人努力欠了欠身子,说了一句:"我把东西送到了,你们清点一下。"他们就先后牺牲了。后来战友们看到,他俩爬过的二三十米距离,染满了血迹。

一等功臣徐良一次手术时,需要大量 O 型血,一位老妈妈是病人,她对医生说,我的血没问题,我愿意为徐良献血。还有一位 50 多岁的老医生,她的爱人病危,她也排在献血的队伍中。

森林大火吞没了西林吉县城。民警孔庆利开着解放牌汽车疏散群众,五次路过家门都没有停车,眼睁睁看到大火把他家一点点烧尽,他仅对人说了一句:我家烧了,不知孩子和妻子怎样。

民警娄德伟在维持秩序时,碰巧看到了妻儿,妻子不让他走,他使劲挣脱了她的手,离开了哭泣的妻子。他发现一个沙坑中央,有一架大彩电正在冒烟,随时有爆炸的危阶,而沙坑四周有三四百人。他大叫一声"快卧倒",以迅雷不及掩耳的动作,抱起彩电,朝没人的地方跑去……

公安消防队驾驶员原则,在驾车去扑火的路上,曾见到母亲领着自己的女儿匆匆奔逃,他的车一闪而过。哪里险情大就往哪里跑。第三天调班休息才去找家人,母亲和女儿找到了,可妻子和才7个月的胖儿子被烧死了。他痛哭着说:"我不是没有想到你们,我不能来呀……"

类似的例子可以举出许多。尽管他们的事迹各具风采,但有一点则是共同的:"忘我"。一事当前,首先想到谁,是很可以看出一个人的理想和道德情操的。试想,那两位受伤的战士,停下来包扎一下伤口,人们会责怪他们么?两位老妈妈不给徐良献血,能说她们"觉悟不高"么?三位民警照顾一下妻子儿女,能说他们"自私"么?当然不能。他们不是没有想到自己的亲人,说不想,那是骗人的鬼话。但他们想得少,想在后;想得多的是战友、是众人。这正是他们先进的地方。《中共中央关于社会主义精神文明建设指导方针的决议》中说:"我们社会的先进分子,为了人民的利益和幸福,为了共产主义理想,站在时代潮流前面,奋力开拓,公而忘私,勇于献身,必要时不惜牺牲自己的生命,这种崇高的共产主义道德,应当在全社会认真提倡。"这些普通的战士、妇女、民警,以自己的实际行动,树立了"崇高的共产主义道德"的楷模。

在"待人"问题上,"忘我"是个很高的思想境界。"我"并不是那么容易"忘"的。有时甚至要经历一番磨砺,一番痛苦,从小自觉到自觉。苏联小说《大后方》中,老共产党员瓦尔瓦拉对当选党委书记的女儿安娜·斯捷潘诺夫娜说:"既然选了你,你首先就得把这个'我'字藏得远一些,做你这种工作,'我'这个字,像在(俄文)字母表上一样,是最后一个字母。至于'我们'那就不同了。"这位老布尔什维克的话很发人深省。"我"是客观存在,应该完全溶化在"我们"之中,为事业而存在,为事业而奋斗。这样才可望由"藏我"逐步做到"忘我"。

魔力悄悄话

我们提倡公而忘私、忘我,这是社会主义人际关系的需要。

团结友爱需要互相关心

青年人充满了热情,往往关心别人胜过关心自己。但是,也有人认为关心他人的人是"傻瓜"。

关心他人的人果真是"傻瓜"吗?回答当然是否定的。如实地说,这样的"傻瓜"并不傻,而是真正的聪明人。

这样的"傻瓜"不傻,首先在于他对人类的道德传统能够择善而取,而不是兼收并蓄。在人类的道德园地上,历来是良莠相杂、善恶并存的。然而,道德发展之大势是剔莠扶良、抑恶扬善的。这一点,在对人们道德品质评价上表现得尤为突出。

达尔文、华莱士、赖尔、赫胥黎几位科学家的彼此关心、真诚友谊一直在科学界传为美谈。

1859 年,达尔文经过三十年的呕心沥血,关于生物进化的理论终于孕育成熟了。正准备发表论文时,突然接到在远方岛屿上考察的朋友华莱士发来的一封信。信中有一篇论文提纲,希望达尔文推荐给当时在英国皇家学会供职的地质学家赖尔,如认为可以,则望发表。达尔文震动了,因为论文的纲目与论点和自己的论文几乎一样,如果这提纲一发表,就意味着自己创立学说的优先权的丧失。

在这关键抉择中,达尔文毅然把华莱士的提纲推荐给赖尔,并对其很高的学术价值作了说明,望他帮助发表。赖尔深知达尔文研究多年,很有见地,于是在达尔文没有同意的情况下,把达尔文和华莱士的论文同时公布了。

华莱士也不是贪功之辈,当他得知此事时,深为感动,并一再坚持,应以达尔文的名字来给生物进化论命名。对于这种关心他人重于关心自己的美德,人们是敬仰、赞颂的。

相反,在科学界,人们对于窃据他人成果为己有的数学家卡达塔则是嗤之以鼻的。半塔纳和卡达塔都是 16 世纪意大利的数学家。1534 年,半塔纳以惊人的毅力解开了数学三次方程式,并在第二年的数学比赛中获胜。他的朋友卡达塔得知,就要求半塔纳教会他,并保证在半塔纳发表著作前不向外透露。半塔纳慨然相许。但是,卡达塔利欲熏心,竟然食言,在自己的著作中公布了解法,把别人的成果据为己有。半塔纳提出了谴责,卡达塔的学生费拉利出来为他的老师帮腔,于是双方达成协议:以数学比赛的胜负来判是非。但是,由于费拉利年轻,当时已发现了四次方程式的解法,半塔纳在比赛中失利,被人辞去大学讲师的职务,落入悲惨的境地,三次方程式的解法被称"卡达塔解法"。不过,写在纸上的名誉却永远抹不去人们心中对自私自利者的鄙视。

仅此二例,足见人们对善恶之向背:关心他人为善,损害他人为恶,抑恶扬善,这就是社会之公论。关心他人的是顺道德发展之大势,怎么能说是"傻瓜"呢?相反,视关心他人为"傻瓜"的人,违背历史规律,倒不是聪明人。

这样的"傻瓜"不傻,还在于他明白一人立世,需要众人帮忙,而要成事,更是需要大家互相关心、互相帮助、互相爱护、团结一致的道理。俗话说:"一个篱笆三个桩,一个好汉三个帮";"红花虽好还要绿叶扶持"。《水浒传》中的林冲,若不是得到鲁智深的关心,性命早就结果在两个差人之手;武松若不是得到十字坡张青夫妇的关心,恐怕不是被官府抓去就是被其他"江湖好汉"所误伤;至于宋江,并无多大本事,若不是他"仗义疏财",或者说,若不是众将的扶持,他怎能当上梁山好汉中的"一把手"呢?虽为小说,现实生活也是一样。

一个人,生病了会得到医生的关心;到商店买东西,会受到服务员的关心;就是自己口中吃的、身上穿的、手上用的,无不是别人"关心"的结果。如果真正是像某些"聪明人"说的那样,"各人自扫门前雪,休管他人瓦上霜",恐怕世界上一个人也难以正常活下去。因此,关心他人的人,符合于立世和成事的要求,顺势而行,怎能说这样的人是"傻瓜"呢?

这样的"傻瓜"不傻,从根本上来说,是因为关心他人符合于人的社会性。个人和他人是比较而言的,和个人相对的"他人"实质上不是一个人,而是由许多"他人"组成的集体、社会。个人和集体、个人和社会相互依赖。人的价值存在于团队、社会之中,离开团队和社会的个人是不存在的,是无法生活的。

"鱼欲异群鱼,舍水跃岸则死;虎欲异群虎,舍山入市即擒",这是以动物喻人不能离"群";而"皮之不存,毛将焉附",更是对个人依赖于集体的很好说明。集体、社会也离不开个人,离开个人的集体、社会也是不存在的。个人与集体、个人与社会的这种客观的辩证关系正确反映在人的道德原则上,就是人要关心他人,要视关心他人为善、为美。《礼记·坊记》中说:"君子贵人而贱己,先人而后己";狄更斯说:"世界上能为别人减轻负担的都不是庸庸碌碌之徒。"

魔力悄悄话

如果真正是像某些"聪明人"说的那样,"各人自扫门前雪,休管他人瓦上霜",恐怕世界上一个人也难以正常活下去。因此,关心他人的人,符合于立世和成事的要求,顺势而行。

怎样搞好同学间的团结

俗话说："人心齐,泰山移。""团结就是力量。"可见团结的巨大威力。

我们同学间不团结就会互相猜疑,产生内耗。心情不愉快还会影响我们的学习和身心健康。只有互相团结,互相爱护、帮助,才能互相长进,茁壮成长。

从前,有个叫"团结果"的故事,讲的是:

一只喜鹊从很远很远的高山上衔来一棵果树苗。兔子忙把果树苗种在土里。猴子常来施肥,大象经常来浇水,果树苗很快长大,结了满满一树果子。

喜鹊说:"树苗是我衔来的,让我先来尝尝果子。"它飞到树上,一个劲地吃起来。

猴子说:"我经常来施肥,不然果树能长大,结果吗?"它爬到树上一个劲地摘果子,边摘边藏。

大象挺不高兴:"要是我不浇水,它能长大吗?"说完,就用长鼻子采果子。

可怜兔子又矮又小,一个果子也吃不着。它们互相争吵,果树渐渐枯了,果子也慢慢烂了。

这时来了一位聪明人,告诉他们:"这棵果树叫团结树,你们只有互相团结、友爱,它才会结出团结果。"动物明白了,又和和气气,一起劳动。

团结树越长越茂盛,结的果又多又大又红。这时它们一起去摘果子,兔子再也不怕自己又矮又小摘不到,它趴在大象的背上摘,不一会儿,就摘了几大筐果子。

同学们,这个故事告诉我们:只有互相团结、友爱,才能结出丰硕的果实。

这个故事里的喜鹊、兔子、猴子、大象,它们起初只知道自己的长处,而看不到别人的长处,结果遇到了麻烦事。我们每个小朋友也都有自己的长处,不能因自己的长处而沾沾自喜,看不起别人,而应该想方设法以自己的长处去帮助同学。

魔力悄悄话

要搞好团结,从小就要培养自己好品性,如待人要宽厚、热情;处事要多从对方的角度去想想;遇到矛盾、冲突时要忍耐、克制自己的感情。这样,我想你一定会和同学团结、友爱相处的。

不做"小集团"中的成员

小集团思想的共同特征是：全体成员都有一种自以为绝对正确的错觉，这会造成过分的乐观主义情绪，并怂恿成员去做出极端的冒险。一旦你企图打破这种"绝对正确"的神话，你就与你所属的"小集团"产生了隔膜。

共同的文过饰非的努力。即使小集团的目标、准则是错误的，小集团的某个成员在不违背"集团"主旨的情况下有严重的道德越规和人格缺陷，小集团的大多数成员也要竭力为集团和它的成员辩解。

对对手和"敌人"抱一成不变的观点，或是认为他们不值得较量，或是认为他们过于"邪恶"，根本不能与他们达到沟通和和解。如果你试着不这样看你周围的人，你试着向对方的"营垒"伸出友谊之手，那么你很可能要被你所属的小集团驱逐出去。这样你不也达到了脱离的目的了吗？但愿你不要从此一团伙中出走，又卷入另一团伙之中。

对强烈的反对本集团的任何陈规、谬想或破坏性作为的任何成员施加直接的压力，以维持全体成员的忠诚。如果你试着以独立的意识对集团的错误进行批判性思考和分析，那么，你就开始站在了集团的对立面，这对你来说无疑是一次成功的尝试。但你也必须准备冒被打击、被报复的"风险"。只要你经受住了第一次"风险"，你的自我结构的坚强的一面就会迅速发展起来，那么第二次"风险"，第三次"风险"……对你来说就渐渐变得无所谓了。

对背离本集团表面上的一致意见的偏差作自我检查，反映出每个成员倾向于尽量缩小他本人对集团的怀疑总和反对意见，从而有一种虚幻的归属感，如果你试图不断地打破你自己对集团的虚幻向往，如果你力求理智和公正，那么你的怀疑点和反对意见将会不断增多。这样地充满了缺憾的"小集团"对你还具有吸引力吗？

有自封的心灵哨兵——这是这样一些成员，他们使本集团听不到相反的情报,而这种相反的情报本来是有可能破除他们对本集团的虚幻意识的。你何不试着做另外的"哨兵"呢? 通过你,各种相反的情报源源不绝地涌入集团内部,必然会在小集团大多数成员的心灵中引起波动,离心的倾向将不是单个的和偶然的。这样一来你不是又有可能找到"同盟军"吗!

魔力悄悄话

　　有几个人一致希望摆脱这个集团的牵制,这种局面对你当然是一种难得的鼓舞,它会坚定你的勇气,也会加快你走向"独立"的步伐。

团结协作注意角色定位

每个人的生活都离不开团队,因为,每个人都生活在团队之中,青少年生活在家庭这个相对比较特殊的团队中,学习在学校、班级这个很普遍的团队中,在其他的社会生活中,我们还会存在于各种各样的团队中。那么,在这些团队中,我们扮演的又是怎样的角色呢?

主导者:处事冷静的领导

喜欢带领团队,采用民主的方式并希望所有人都会参与,但你亦知道何时需要握回大权。达到团队目标是非常重要的,会对工作例如优先次序并确定所有队员对自己的角色有非常清晰的认识。

驱策者:精力充沛、意志坚强的领导

喜欢支配团队的工作方式,希望队员依从自己的指示,作的决定是决断的及实际的并会非常坚持自己的意见,认为达到目标至为重要,因此对于队员的表现要求非常严谨,不大有耐性,然而队员亦尊重你的积极性及魄力。

创新者:团队的智囊

是个充满创意的人,时常喜欢提出新意见,由于非常自信有时候对人会欠缺交际手腕,如别人批评自己的意见,会显得不高兴,因此有时会宁愿远离其他队员,避免发生冲突。

监察者:善于监察和评核团队的表现

喜欢仔细分析意见,看看它是否符合团队的目标及方向,处事认真及精明,因此别人忽略的问题你亦看到,由于这样,别人会觉得你很挑剔,但自己认为至少这样可避免犯错误。面对复杂资料,有能力明白个中意思,从而制订最好的决策。

执行者:团队的"办事人员"

是一个实际及非常有效率的人,能集中注意力,看清楚目标、工作及成效,对于一些前卫的意见不大感兴趣,处事小心及果断,着重细节多于速度,当自己进行一项工作时,最不喜欢的是有很多临时的改动。

协调者:关心队员的需要

首要关心的是别人及他们的情绪,很易看到别人的长处及短处,当别人不开心时,会尝试去开解他们,认为彼此不应存有竞争,一个团队应像一个快乐的家庭。亦喜欢发掘别人的潜能,亦能够与沉默寡言的人展开沟通。

资源查探者:善于向外界求助

很有求知欲、喜欢探索团队以外的事物及其他人的工作,建立了很多联系,亦懂得善用其他人的长处。需要很多变化否则会觉得沉闷,有时会过于冲动,善于探索新方法并能说服及推动其他队员。

贯彻者:确保团队赶上工作进度

喜欢工作理想的完成,例如按时完成,否则会变得忧虑,会不断指出别人可改善的地方,令他们不会自满,因此会较集中看错误及细节,亦由于这样,会有时触怒别人,但防止了他们变得不小心、太自满或懒惰。

专业者:专业知识、经验及技能的提供者

有专业或技术上的知识,能用简单易明的方法解释复杂概念,鼓励其他人要客观地看事物,对于不明白你的人,有时会显得不耐烦,对于别人的批评会非常留意。整体来说,是个有方向感及会为目标而奋斗的人,偶然会是颇为固执的。

魔力悄悄话

如果你试图用鲜明的是非判断标准去衡量集团内部的一切,那么你就将自己不知不觉地置身在了集团之外。

第九章
包容才能成事业

包容是人生的财富。同样是一辈子,有的人在不尽的愤慨和埋怨中挣扎着过,有的人在快乐幸福中沐浴着过。

包容别人是一种幸福,能让别人心存感激更是一种幸福!

人生在世,不能使自己在琐事困扰中作茧自缚,更不能在无尽争吵中度过此生。

在办公室里的同事,一起工作,一起生活是一种缘份,遇到纷争时浅浅一笑,碰到口角时沉默是金,即便有了积怨,恩仇一笑抿。

互惠互利的思维

人生就像是战场，人与人之间有时候难免要处于互相对立的位置，但是人生毕竟不是战场。战场上敌对双方中的一方不消灭对方就会被对方消灭，生活却不必如此，不用争个鱼死网破，两败俱伤。

运动场上非赢即输的角逐、学习成绩的分布曲线向我们灌输非此即彼的思维方式，于是我们常常通过输赢的"有色眼镜"看人生。倘若不能唤醒内在的知觉，只为了争口气而奋斗，人与人一辈子都只会拼个你死我活。从来不去用互惠双赢的思维解决问题，无论是对个人还是对整体，这将是多么大的损失。

互惠互利的思维鼓励我们在解决问题时，要共同探讨，以便能够找到切实可行并令所有人受惠的方法。现在已经不是一个"天下唯我独尊"的时代，人们更倾向于达到一种共荣共赢的状态。有这样一个故事，真假且不去分析，从中你可以更深刻地明白何谓共赢。

在美国的一个小村子里，住着一个老头，他有三个儿子。大儿子、二儿子都在城里工作，小儿子和他在一起，父子相依为命。

突然有一天，一个人找到老头，对他说："尊敬的老人，我想把你的小儿子带到城里去工作。"老头气愤地说："不行，绝对不行，你滚出去吧！"这个人说："如果我给你儿子找的对象，也就是你未来的儿媳妇是洛克菲勒的女儿呢？"老头想了想，终于，让儿子当上洛克菲勒女婿这件事打动了他。过了几天，这个人找到洛克菲勒，对他说："尊敬的洛克菲勒先生，我想给你的女儿找个对象。"洛克菲勒说："快滚出去吧！"这个人又说："如果我给你女儿找的对象，也就是你未来的女婿是世界银行的副总裁，可以吗？"洛克菲勒同意了。

又过了几天，这个人找到了世界银行总裁，对他说："尊敬的总裁先生，你应该马上任命一个副总裁!"总裁先生说:"不可能,这里这么多副总裁,我为什么还要任命一个副总裁呢,而且还必须是马上?"这个人说:"如果你任命的这个副总裁是洛克菲勒的女婿,可以吗?"结果自然可知,总裁先生同意了。

　　故事中的人物都得到了一个"正"的结果:年轻人从一个穷小子一跃成为世界银行副总裁,而且娶到了富豪的女儿;洛克菲勒得到了一个做世界银行副总裁的女婿,对其日后的发展必然大有益处;世界银行的总裁得到了洛克菲勒的女婿做副手,以后可以更好地与大财团合作,以增加自己的效益;至于中间的介绍人,故事中虽未说明他会得到怎样的好处,但我们不难想象出他也是整个事业中的大赢家。因为他,三方都拥有了难得的好收益,又怎会怠慢这位牵线人呢?

　　所以,大家好才是真的好,大家赢才是真的赢。人与人相处,应该像离开水的螃蟹,螃蟹在陆地上也可以生存,不过离开水的时间不能太久,所以它们需要不停地吐泡沫来弄湿自己和伙伴。一只螃蟹吐的沫是不大可能把自己完全包裹起来的,但几只螃蟹一起吐泡沫连接起来就形成了一个大的泡沫团,它们也就营造了一个能够容纳自己的富含水分的生存空间,彼此都争取到了生存的机会。

魔力悄悄话

　　人与人,在互惠中寻求共赢。共赢思维是一种基于互敬、寻求互惠的思考框架与心意,目的是获得更多的机会、财富及资源,而非敌对式竞争,既非损人利己,亦非损己利人。

注重集体的力量

工作中,有人自视甚高,以为做事"舍我其谁"。他们喜欢单干,如高傲的"独行侠"一般,以自我为中心,极少与同事沟通交流,更不会承认团队对自己的帮助。

有人也许会有疑问:有些天才就是特立独行的,他们也取得了巨大的成就,伟大的成就有时候就是需要别具一格啊! 是的,在一些领域里,具有非凡天赋和付出超人努力的人会取得巨大的成就,比如凡·高和爱因斯坦。但是再有才华的人取得的成就也是以前人的成就为基础的,而且在企业里,这样的人是不可能取得长期成功的,苹果电脑的创始人之一史蒂夫·乔布斯正是其中的代表人物。

美国航天工业巨头休斯公司的副总裁艾登·科林斯曾经评价乔布斯说"我们就像小杂货店的店主,一年到头拼命干,才攒那么一点财富。而他几乎在一夜之间就赶上了。"乔布斯 22 岁开始创业,从赤手空拳打天下,到拥有 2 亿多美元的财富,他仅仅用了 4 年时间。不能不说乔布斯是有创业天赋的人。然而乔布斯因为独来独往,拒绝与人团结合作而吃尽了苦头。

他骄傲、粗暴,瞧不起手下的员工,像一个国王高高在上,他手下的员工都像躲避瘟疫一样躲避他。很多员工都不敢和他同乘一部电梯,因为他们害怕还没有出电梯之前就已经被乔布斯炒鱿鱼了。

就连他亲自聘请的高级主管——优秀的经理人、前百事可乐公司饮料部前总经理斯卡利都公然宣称:"苹果公司如果有乔布斯在,我就无法执行任务。"

对于二人势同水火的形势,董事会必须在他们之间决定取舍。当然,他们选择的是善于团结的斯卡利,而乔布斯则被解除了全部的领导权,只保留董事长一职。对于苹果公司而言,乔布斯确实是一个大功臣,是一个才华横溢的人才，如果他能和手下员工们团结一心的话，相信苹果公司是战无不胜的，可是他选择了"独来独往"，不与人合作，这样他就成了公司发展的阻力，他越有才华，对公司的负面影响就越大。所以，即使是乔布斯这样的出类拔萃的开创者，如果没有团队精神，公司也只好忍痛舍弃。

事实上，一个人的成功不是真正的成功，团队的成功才是最大的成功。对于每一个职场人士来说，谦虚、自信、诚信、善于沟通、团队精神等一些传统美德是非常重要的。团队精神在一个公司、在一个人事业的发展过程中都是不容忽视的。

松下公司总裁松下幸之助访问美国时，《芝加哥邮报》的一名记者问他："您觉得美国人和日本人哪一个更优秀呢？"这是一个相当尴尬的问题，说美国人优秀，无疑伤害了日本人的民族感情；说日本人优秀。肯定会惹恼美国人；说差不多，又显得搪塞，也显示不出一个著名企业家应有的风度。

这位聪明的企业家说："美国人很优秀，他们强壮、精力充沛、富于幻想，时刻都充满着激情和创造力。如果一个日本人和一个美国人比试的话，日本人是绝对不如美国人的。"美国记者十分高兴："谢谢您的评价。"正当他沾沾自喜的时候，松下幸之助继续说："但是日本人很坚强，他们富有韧性，就好像山上的松柏。日本人十分注重集体的力量，他们可以为团体、为国家牺牲一切。如果10个日本人和10个美国人比试的话，肯定可以势均力敌，如果100个日本人和100个美国人比试的话，我相信日本人会略胜一筹。"美国记者听了目瞪口呆。

"没有完美的个人，只有完美的团队"，这一观点已被越来越多的人所认可。每个人的精力、资源有限，只有在协作的情况下才能达到资源共享。

单打独斗的年代已经一去不复返，只有懂得合作的人才能借别人之力成就自己，并获得双赢。朋友，你想成为真正的笑傲职场的"英雄"吗？那就彻底告别"独行侠"的角色吧。

有一个男孩有着很坏的脾气，于是他的父亲就给了他一袋钉子，并且告诉他，每当他发脾气的时候就钉一根钉子在后院的围篱上。第一天，这个男孩钉下了37根钉子。慢慢地，每天钉下钉子的数量减少了。他发现控制自己的脾气要比钉下那些钉子来得容易些。终于有一天，这个男孩再也不会失去耐性乱发脾气了。他告诉他的父亲这件事，父亲告诉他，现在开始每当他能控制自己的脾气的时候,就拔出一根钉子。一天天地过去了,最后男孩告诉他的父亲,他把所有钉子都拔出来了。父亲握着他的手来到后院说:"你做得很好,我的好孩子。但是看看那些围篱上的洞,这些围篱将永远不能回复成从前的样子。你生气的时候说的话将像这些钉子一样留下疤痕。如果你拿刀子捅别人一刀,不管你说了多少次对不起,那个伤口将永远存在。话语的伤痛就像真实的伤痛一样令人无法承受。"

男孩通过钉钉子和拔钉子,学会了一堂重要的人生之课:学会宽厚容人。一个能够成就一番事业的人,一定是一个心胸开阔的人。人要成大事,就一定要有开阔的胸怀,只有养成了坦然面对、包容他人的习惯,才会在将来取得事业上的成功与辉煌。无论你一生中碰到如何不顺利的环境,遭遇到如何凄凉的境界,你仍然可以在你的举止之间,显示出你的包容、仁爱的心态,你的一生将受用无穷。胸襟开阔的人,虽然没有雄厚的资产,但其在事业上的成功机会,较之那些虽有资产却缺乏吸引力和缺乏"人和"的人要多,因为他们不仅到处受人欢迎,而且能得到别人的帮助。

一个只肯为自己打算盘的人,会受人鄙弃。其实,你可以将自己化作一块磁石,来吸引你所愿意吸引的任何人到你的身旁……只要你能在日常生活中,处处表现出爱人与善意的精神。举世都喜欢胸怀宽大的人。假使你打算多交些朋友。你一定要能宽宏大量。应该常去说说别人的好话,常去注意别人的好处,不要把别人的坏处放在心上。如果对别人常常吹毛求疵;对于别人行为上的失误,常常冷嘲热讽……你该留意,这样的人大多是危险的人物,这样的人往往不太可靠。

魔力悄悄话

　　具有宽广的心胸的人,看出他人的好处比看出他人的坏处更快。反之,心胸狭隘的人,目光所及都是过失、缺陷,甚至罪恶。轻视与嫉妒他人的人,心胸是狭隘的、不健全的。这种人从来不会看到或承认别人的好处。而胸襟开阔的人,即使憎恨他人时也会竭力发现对方的长处,并由此而包容对方。

有容乃大,忍者无敌

如同千人千面,人的度量也是千差万别的。有的人豁达大度,"将军额上能跑马。宰相肚里能撑船";有的人睚眦必报,锱铢必较,你碰我一拳我一定踢你一脚。

人非圣贤,谁能没有七情六欲,即使是讲究"跳出三界外,不在五行中"的佛门中人,也还要常常念叨"出家人以慈悲为怀,善哉! 善哉!"为的是时时提醒自己宽容大度。何况凡尘中人。

义青禅师尚未正式开示说法前,曾在法远禅师处求法。有一次,法远禅师听闻圆通禅师在邻县说法,便让义青禅师去圆通禅师那里求法。

义青禅师极不愿意,他认为圆通禅师并不高明,又不愿违逆法远禅师,便不情不愿地去了。但到了圆通禅师那里,义青禅师并不参问,只是贪睡。

执事僧看不过去,就告诉圆通禅师说:"堂中有个僧人总是白天睡觉,应当按法规处理了。"

圆通禅师一向只听执事僧讲听者的虔诚,还不曾听说谁在堂上睡觉,便很惊讶地问:"是谁?"

执事僧回答:"义青上座。"

圆通禅师想了想,便说:"这事你先不要管,待我去问一问。"

圆通带着拄杖走进了僧堂,果然看到义青正在睡觉。圆通禅师便敲击着义青禅师的禅床呵斥说:"我这里可没有闲饭给吃了以后只会睡大觉的上座吃。"

义青禅师却似刚睡醒般地问道:"和尚叫我干什么?"

圆通禅师便问:"为什么不参禅去?"

义青禅师回答:"食物纵然美味,饱汉吃来不香。"

圆通禅师听出义青禅师话里的机锋,说:"可是不赞成上座的有很多人。"

　　义青禅师则胸有成竹地回答:"等到赞成了,还有什么用?"

　　圆通禅师听其言谈,知其来历一定不凡,就问:"上座曾经见过什么人?"

　　义青禅师回答:"法远禅师。"

　　圆通禅师笑道:"难怪这样顽赖!"

　　随之,两人握手,相对而笑,再一同回方丈室。义青禅师因此而名声远扬。

　　有容乃大,忍者无敌。很多时候一个人之所以能够被人敬仰,受人尊敬,不在于他的能力有多高,相貌有多体面,知识有多渊博,而在于他有宽广的胸襟,能够容人之不能。这种人,不会因他人对自己的轻慢,而轻易对他人进行简单地否定。

　　圆通禅师能够让法远禅师敬重,并要求义青禅师前去听法,很可能就是因为圆通禅师的容人雅量。义青禅师在圆通禅师面前的自信,多少显示出对圆通禅师的轻视。圆通禅师在询问过程中不会没有察觉。倘若圆通禅师没有容人的雅量,不能对义青禅师的轻慢一笑置之,估计义青禅师是免不了被扫地出门的。但是幸运的是,义青弹师遇到的是能够容人的圆通禅师,圆通禅师不仅能够容忍他的轻慢之举,而且能够肯定他,抬举他,给他应有的地位。

　　一个人度量的大小,固然与他的思想修养、道德水平、文化程度、社会经历乃至脾气性格都有关系,然而远大的理想抱负和广博的境界则是开阔胸襟的根本原因。

　　境界是可以后天修炼的,度量也是可以变化的,随着社会经历的日渐丰富和生活环境、社会地位的变化,度量在思想锻炼和修养培养的过程中也会不断发生变化。度量小的可能变得宽容大度,度量大的也可能变得小肚鸡肠。

　　西方近代天文学之父弟谷也曾是一个度量狭小的人。他念书时,因为在一个数学问题上与一个同学发生了争吵,最后竟与人决斗。在决斗中,弟谷的鼻子被对方的剑刃削掉,为了维护容貌,后来不得不装上个假鼻子。从这次遭遇中,他意识到度量狭小的害处,就开始改变自己处世的态度。后来,他无私地援助开普勒研究天文,并容忍了他的误解和无礼。开普勒后来回忆说:自己之所以发现行星运动的规律,完全得益于弟谷的大度和提挈。

我国三国时期的曹操,为了招贤纳士,成就大业,曾表现了宏大的气度,当那位向他投降后又杀死了他的儿子曹昂、复又叛离的张绣,两年后又来归降时,他不计杀子之仇却"待之若旧",封张绣为侯;然而,在志得意满之时,他却杀孔融、诛杨修、逐祢衡、驱张松,容人之量烟消云散,结果自我形象严重损害,身死之后还"贻尘谤于后王"。可见,所谓度量大小,是在实际生活中,在思想锻炼和修养的过程中不断发展变化的。

魔力悄悄话

俗话说:"最大的是心,最小的也是心。"但有的人心胸狭窄,容不得他人强过自己,容不得他人轻视自己,这样就只会使自己局限于一隅,难以有所建树。而对于一个想有所作为的人而言,唯有宽大容物才能成就自己。胸襟宽广,就能够团结一切人,能够成就大事。正所谓有多大胸襟就有多大成就。

懂得求同存异的道理

法国的启蒙思想家伏尔泰说："虽然我不同意你的观点,但我誓死捍卫你说话的权利。"这是西方人对尊重个体与尊重自由的呐喊。而在东方,讲究的是包容,是海纳百川,是泽被万物,是儒家这一主体思想对外来佛教的包容与融合。是接受彼此的差异化,求同存异,是和谐共处,因此这一文化之源流几千年不断绝。

星云大师谈到佛教传到中国时,颇有感慨地说道:中国和佛教始终是和谐的。佛教文化被悠久的中华文化所接纳,并且继续发扬光大,成为中国的佛教。佛教对得起中国,中国也不负佛教,正是两者之间相互的包容造就了这和谐的一切,接着,大师说了一句朴实却振聋发聩的话:你可以不信,但不必排斥。这不仅适用于对宗教的信仰,也适用于每个人为人处世,待人接物。做人需要求同存异。

在喜马拉雅山中有一种共命鸟。这种鸟只有一个身子,却有两个头。有一天,其中一个头在吃鲜果,另一个头则想饮清泉,由于清泉离鲜果的距离较远,而吃鲜果的头又不肯退让,于是想喝清水的头十分愤怒,一气之下便说:"好吧,你吃鲜果却不让我喝清水,那么我就吃有毒的果子。"结果两个头都同归于尽。

还有一条蛇,它的头部和尾部都想走在前面,互相争执不下,于是尾巴说:"头,你总在前面,这样不对,有时候应该让我走在前面。"头回答说:"我总是走在前面,那是按照早有的规定做的,怎能让你走在前面?"两者争执不下,尾巴看到头走在前面,就生了气,卷在树上,不让头往前走,它趁着头放松的机会,立即离开树木走到前面,最后掉进火坑被烧死了。

无论是两头鸟还是那条头尾相争的蛇,因为不知道求同存异的这个道理，最终导致两败俱伤，受到伤害的终究还是自己。如果那只鸟的一个头能够先让另一只喝到水，再过去吃鲜果，那自己也不是没有什么损失吗？只是哪个先哪个后的问题。人有时候实际上和这两头鸟一样，不愿意让自己的利益受到一点点的损失，别人的一点要求也不能满足，所以到头来自己也是一无所获。

这世上的事物千差万别，人与人之间也存在着众多的差异，生活背景、生活方式、个性、价值观等的差异，让我们的相处也存在着或多或少的困难，无所谓希望或者失望、信任或者背叛，我们所能做的只能是相互尊重、相互包容、求同存异、真诚相对，而不必强求一致。

正是因为这种差异性的存在，在客观上便要求我们要做到"求同存异"，即在寻找相互之间相同的地方的同时，也要尊重相互之间客观存在的差异性，从而实现相互之间的合作。因此，要做到"求同存异"，"尊重"是基础，而且还需要有耐心、能包涵、心胸开阔。如果能将这一条与取长补短、开诚布公协调运用，那么，不仅双方能表达得更为舒畅，而且还能从中学到不少的新东西。

我们要逐渐学会求同存异，保留相同的利益要求，与人相处也要照顾别人的利益，在自己的利益与别人的利益之间求中间值，让自己的利益和别人的利益都得到实现。

魔力悄悄话

如果我们不懂得求同存异，那么，我们就很有可能在面临差异与分歧的时候相互争斗，最终使双方都受到巨大的伤害。在生活和工作中，我们也该本着"求同存异"的原则与他人相处。寻找人与人之间的共同点往往是我们打造良好人际关系的开始，也是求同存异的前提条件，并且在共同点的基础之上相互尊重对方的差异性，只有这样才能与对方进行合作，并且最终取得双赢的局面。

宽容能成就一个人伟大的理想

《易经》的第二卦坤卦的开头有这样一句话："地势坤,君子以厚德载物。"这句话被国学大师张岱年先生认为是国学精华的一颗明珠。而今这句话被广为推崇,它的字面意思是:大地是宽广、包容万物的,君子就应当像大地一样,有厚重的道德能容忍他物。张岱年先生是这样解释这句话的:厚德载物是一种宽容的思想,对不同意见持一种宽容的态度,对中国的思想、学术、文化、社会的发展都起了很大的作用,宽容的态度在中国文化里面起了主导作用,是一种健康正确的思想。

的确如张岱年先生所说,五千年的中国历史其实就是一部宽容发展的历史。中华民族能够长盛不衰,中华文明能够历久弥新,就在于我们的民族精神里闪耀着宽容大度的光辉。从汉朝昭君出塞与呼韩邪单于和亲,到文成公主千里入藏与松赞干布成婚,从唐太宗对俘获的东突厥首领颉利可汗宽容以待,成就万国来朝的盛世气象……中华民族的历史无不闪耀着宽容的光芒。宽容大度的态度,一直是流淌在我们民族文化中的另一股血液。正是这股血液,成就了中华民族的博大精神,成就了华夏古国的永远年轻。正如张岱年先生所说,中国文化的特点之一就是宽容、博大。

事实确实如此,世界发展到今天,很多国家、民族在地球上已经消失。而我们的祖国已经有五千多年的历史了,依然年轻而有活力,其中原因之一是我们的文化是宽容的,我们的民族是宽容的,我们的思想是宽容的。可见,宽容有着多大的作用,对于国家、民族来说,宽容能使国家强盛、民族强大。对于个人来说,宽容能使一个人得到他人的信服和帮助,宽容能成就一个人伟大的理想。

服装界有名的商人马亮是一个善于容人的经营者,他的成功就和自己善于包容不同个性的人才有很大关系。

团结——众人拾柴火焰高

马亮刚入服装行业的时候，有一次他拿着样衣经过一家小店，却无缘无故地被店主讥讽嘲笑了一通，说他的衣服只能堆在仓库里，再过10年也卖不出去。马亮并未反唇相讥，而是诚恳地请教，店主说得头头是道。马亮大惊之下，愿意高薪聘用这位怪人。没想到这人不仅不接受，还讽刺了马亮一顿。马亮没有放弃，运用各种方法打听，才知道这位店主居然是一位极其有名的服装设计师，只是因为他恃有天才、性情怪僻而与多位上司闹翻，一气之下发誓不再设计服装，改行做了小商人。

马亮弄清原委后，三番五次登门拜访，并且诚心请教。这位设计师仍然是火冒三丈，劈头盖脸地骂他，坚决不肯答应。马亮毫不气馁，常去看望他，经常和他聊天并给予热情的帮助。这位怪人到最后.也很不好意思了，终于答应马亮，但是条件非常苛刻，其中包括他一旦不满意可以随意更改设计图案，允许设计师自由自在地上班等。果然，这位设计师虽然常顶撞马亮，让他下不了台，但其创造的效益很巨大，帮助马亮建立了一个庞大的服装帝国。

从这个小故事中，我们可以看出宽容的巨大作用。你待人宽宏，你就能得到别人的感激和回报。如果你待人刻薄，不懂宽大为怀、宽能容人的道理，在生活中你就会孤立无援。这位设计师的脾气不可谓不怪异，甚至恃才傲物，但是马亮慧眼识金，懂得他的价值所在，对他的缺点和不足——宽容，使他帮助自己走上了事业的成功之路。

魔力悄悄话

"地势坤，君子以厚德载物"，大地因为宽广，才容得下山川草木、森林河流。一个君子就应该从大自然的启发中，培养自己宽容的胸襟，牢记"厚德载物"这一国学精华的古训。在现实生活中，用自己的一举一动践行"君子以厚德载物"的人生信条。

回避恶性竞争

虽然说没有竞争就没有进步,可是商场之中一旦竞争起来,就可能会为了争权夺利而不择手段,陷入恶性竞争当中。

胡雪岩创业之初很担心因为同行的恶性竞争而阻碍自己事业的发展,所以在他经营阜康钱庄的时候,就一再发表声明:自己的钱庄不会挤占信和钱庄的生意,而是会另辟新路,寻找新的市场。

这样一来,属于同一行业范畴的信和钱庄,不是多了一个竞争对手,而是多了一个合作伙伴。心中的顾虑消除了,信和钱庄自然很乐意支持阜康钱庄的发展。在后来的发展历程中,阜康钱庄遇到发展危机的时候,信和能够主动给予帮助,也是因为当初胡雪岩"不抢同行盘中餐"的正确性所在。

在阜康钱庄发展十分顺利的时候,胡雪岩插手了军火生意。这种生意利润很大,但是风险也大,要想吃这一碗饭,没有靠山和智慧是不行的。胡雪岩凭借王有龄的关系,很快进入军火市场.也做成了几笔大生意。这样一来,胡雪岩在军火界的名声也就越来越响了。

一次,胡雪岩打听到了一个消息,说外商将引进一批精良的军火。消息一确定,胡雪岩马上行动起来了,他知道这将是一笔大生意,所以赶紧找外商商议。凭借胡雪岩高明的谈判手腕,他很快与外商达成了协议,把这笔军火生意谈成了。

可是,这笔生意做成不久,外面就有传言说胡雪岩不讲道义.抢了同行的生意。胡雪岩听了后,赶紧确认。原来,在他还没有找外商谈军火一事之前,有一个同行已经抢先一步,以低于胡雪岩的价格买下了这批货,可是因为资金没有到位,还没来得及付款,就让胡雪岩以高价收购了。

弄清楚情况以后,胡雪岩赶紧找到那个同行,跟他解释说自己是因为不知道,所以才接手了这单生意的。他甚至主动提出,这批军火就算是从那个

189

同行手中买下来的,其中的差价,胡雪老愿意全额赔偿。那个同行感动不已,暗叹胡雪岩是个讲道义的人。

协商之后,胡雪岩做成了这单生意,同时也没有得罪那个同行,在同业中的声誉比以前更高了。这种通融的手腕让他消除了在商界发展的障碍,也成了他日后纵横商场的法宝。

在商场上,竞争尤为激烈。人们为了达成自己的目的,往往是万般手段皆上阵。

有时候,为了挤走同行业的竞争者,甚至会出现价格大战、造谣中伤等情况。这样做,虽然受益的是顾客,但是如果因为竞争而造成了成本不足,导致产品的质量下降,直接受损失的还是顾客。

俗话说:"同行是冤家。"但并不是说同行就必须要"打破脸,撕破皮",互相看不上眼,老死不相往来。而是应该彼此给对方留一些发展空间,这样才能在危机到来的时候达成一致,共渡难关。

每个人的身上都有着属于自己的优点,商场中也是一样的。各家的经营手段不同,其中一定有好的一面可以让大家学习,能够看到对方的优点,回避对方在发展中的不足,这也是有利于大家共同发展的一种手段。

冷静面对竞争,不要让嫉妒冲昏头脑。同行业之中,存在着很多的竞争。为了自身的发展,常常会跟别人进行比较,看到别人发展得顺利,而自己却失意,心中自然会不舒服、产生怨恨。

为了寻找心理上的平衡,很多人会运用不正当的手段进行报复,甚至会在暗地里做一些不光明的事情,阻碍对方的发展。这样做,一次、两次,可能不会被人发觉,但是次数多了,自然逃不过别人的眼睛。心里不平衡而暗地里做小动作,阻碍自身和别人的发展,不如放宽心态、冷静处事寻求双赢。

有一家公司,一个部门经理的位置空出来了,好多人都在竞争这个职位,其中以郭瑞和赵毅最有实力。虽然郭瑞更有能力,但是赵毅和老板是亲戚,所以最后由赵毅出任这个经理职位。

大家都为郭瑞抱不平,但郭瑞说赵毅还是有很多优点的,能力也不弱,带头向赵毅表示祝贺。郭瑞的这种大度,让赵毅很意外、很感动。在这一年的绩效考核中,郭瑞是部门中成绩最高的,并因此而获得了出国培训的机会。

郭瑞的能力要高出赵毅,如果他只顾眼前的利益而去与赵毅争这个职位,那么他也就不会获得后面出国培训的机会。可见放宽心态对待同行业的竞争,还能从中得到很多你意想不到的东西。所以,一定要冷静地面对竞争,不要因嫉妒而冲昏头脑。

魔力悄悄话

如果在你的工作团队中有一个能力很强的新人进入,你会有如何反应呢?你一定会有一种危机感,觉得自己随时都有被开除的危险。这个时候,如果你想着怎样把对方挤走,就大错特错了;相反,你要努力从对方身上吸取经验,弥补自身的不足,让他没有办法超越你,才是最好的保全自身的办法。

没有永远的敌人

英国前首相丘吉尔曾说过："世界上没有永远的敌人，也没有永远的朋友，只有永远的利益。"这句话如果引申到商业中，就是说利益是现代所有商业合作的根基。合作是为了从消费满溢的市场中分得一杯羹，从而达到双方都比较满意的效果。因此，双赢成为现代企业合作的最佳状态。

2004年12月8日上午9点，联想集团宣布以12.5亿美元收购IBM个人电脑事业部，收购的范围涵盖了IBM全球台式电脑和笔记本电脑的全部业务。

这一为世人所瞩目的收购项目在经过13个月的并购谈判后终于画上了一个圆满的句号。

通过对IBM全球个人电脑业务的并购，联想的发展历程整整缩短了一代人，年收入从过去的50亿美元猛增到100亿美元，一跃成为世界第三大PC制造商。

联想也因此成为我国率先进入世界500强行列的高科技制造业企业，并拥有IBM的"Think"品牌及相关专利、IBM深圳合资公司、位于日本和美国北卡罗来纳州的研发中心、遍及全球160个国家和地区的庞大分销系统和销售网络。

IBM在并购后的股价上涨了2%，并且在新联想中获得了18.9%的股权，成为仅次于联想控股的第二大股东。

与此同时，IBM当时的副总裁兼个人系统部总经理史蒂芬·沃德还登上了新联想CEO的宝座，联想的前任CEO杨元庆则当上了新联想董事长。并购后的IBM终于摆脱了沉重包袱，将经营方向转为利润更为丰富的PC游戏操纵杆的微处理器的制造。

对于企业来说，联想收购IBM个人电脑事业部的行为是一种双赢，而长达 13 个月的并购谈判更是双方相互妥协的结果。从并购金额的最终确定到新联想总部的选址问题，无一不是双方相互妥协的结果，但最后均落在了双方的利益平衡点上。

　　每一个人，都应该努力拼搏，争取一些对自己有用的东西，但是，努力争取并不代表蛮横抢夺，也不代表咬住不放，而是一种灵活掌握、进退自如的境界，因此，我们要善于妥协。

　　对于生活在缤纷社会中的我们来说，学会适时妥协不仅不会影响到我们的既得利益，很多时候还会让我们的人格魅力得到更好的彰显，从而使双方都得到更多的利益，这就是双赢。小到一个人、一个企业，大到一个民族、一个国家，都应该学会在适当的时候善于妥协，这样的人，才是有谋略的人；这样的企业，才是能够长久发展的企业；这样的民族，才是聪明的民族；这样的国家，才是伟大的国家！

　　香港的顺利回归从某种意义上讲也是中英双方相互妥协的结果。早年，在香港问题上，中国政府从来都没有放弃过收复香港。

　　1984 年，经过中英双方两年二十二轮慎重和耐心的谈判，两国政府终于签订了《中英关于香港问题的联合声明》。声明宣布：中华人民共和国政府决定于 1997 年 7 月 1 日对香港恢复行使主权，英国政府在这一天将香港交还给中华人民共和国。

　　联合声明圆满解决了中国恢复对香港行使主权的问题，也为香港的长期繁荣和稳定奠定了坚实的基础。这是中英双方相互妥协共同作出让步的结果，并最终取得了双赢。

　　中国政府为了更好地发展香港，提出了"一国两制"，以港人治港、高度自治的"优厚待遇"保证了香港日后的发展和繁荣。因此，可以说，正是由于中英两国政府在长久的谈判中都作出了适当妥协，才有了香港回归的伟大胜利，才有了今日"一国两制"下香港的繁荣昌盛。

　　学会妥协就是要告诉我们：发展经济搞企业，不一定什么事情都非要我吃掉你，你吃掉我，有时候适当给竞争对手留一条后路，适当作出一些让步也是一种战略，比如企业兼并、企业重组最终都是双赢的结局。商场上，今天是你的竞争对手，说不定今后会成为你的合作伙伴。不一定要把问题搞得那么僵，各自退一步，也许就能海阔天空，商场跟战场一样，不战而胜

为上。

单赢不是赢，只有双赢才是真正的赢。"互利互惠"才能双赢，这是与竞争对手寻求共同利益的最好办法。学会妥协，收获友谊，维护尊严，获得尊重。当同别人发生矛盾并相持不下时，你就应该学会妥协。这并不表示你失去了应有的尊严，相反，你在化解矛盾的同时在别人心中埋下了你宽容与大度的种子，别人不仅会欣然接受，还会对你产生敬佩与尊重之情。让别人过得好，自己也能过得快乐。学会妥协，世界会因你而美丽！

魔力悄悄话

在商场上不要把弦绷得太紧，人要留有余地，要站得高，看得远。在很多情况下，你说是"让利"，实际不是，而是共同取得更大的利益，是双赢。

合作可加速成功

宇宙间的一切生命都相依相存,为了生存,所有人都在争取着自己的利益。但是,我们每个人似乎都更应该问一问自己:我为普遍利益做过些什么呢?

有时候我们会在心中把一支优美的乐曲分割成一个个的音符,然后对着每一个声音自问:我是被它征服的吗?答案没有悬念,任何一个再美好的音符也很难刹那间触动人的心弦,而当所有音符跳跃的节奏与心灵合拍时,紧闭再久的心门也会霎时敞开,这就是音乐的神奇魔力。

人与人就像音符与音符一样,完美的融合才能带来完美的效果。若我们只顾着个人利益而忽视了整体的和谐,一串动听音乐中尖锐而突兀的声音又怎么能带来丝毫的美感?

曾经有一个戏剧爱好者,他不顾亲朋的反对,毅然选择一处并不热闹的地区,修建了一所超水准的剧院。

剧院开幕之后,非常受欢迎,并带动了周围的商机。附近的餐馆一家接一家地开设,百货商店和咖啡厅也纷纷跟进。

没有几年,剧院所在的地区便成为商业繁荣地带。

"看看我们的邻居,一小块地,盖栋楼就能出租那么多的钱,而你用这么大的地,却只有一点剧院收入,岂不是吃大亏了吗?"那人的妻子对丈夫抱怨,"我们何不将剧院改建为商业大厦,也做餐饮百货,分租出去,单单租金就比剧场的收入多几倍!"

那人也十分羡慕别人的收益,便贷得巨款,将自己的剧院改建商业大楼。

不料楼还没有竣工,邻近的餐饮百货店纷纷迁走,更可怕的是房价下跌,往日的繁华不见了。而当他与邻居相遇时,人们不但不像以前那样对他热情奉承，反而露出敌视的眼光。面对现实的境况，那人终于醒悟，是他的剧院为附近带来繁荣，也是繁荣改变他的价值观，更由于他的改变，又使当地失去了繁荣。

世界上的事物都是互相联系、互为因果的，我们谁也不可能孤立存在，更不可能孤立干成一件事。人与人之间天生存在着一种合作关系，这本是最简单不过的道理，不过越是简单的道理，却越容易令人忽视，很多人就像是故事中的剧场主人一样，为了自己一时的利益而忽视了整体的普遍利益，最终反而会失去更多。所以，个人利益是在普遍利益得到保障的前提下实现的。

魔力悄悄话

成功的人大多都有与人合作的精神，因为他们知道个人的力量是有限的。只有依靠大家的智慧和力量才能办成大事。合作可加速成功，合作可以帮人渡过困境。所以，凡事不要太计较，当你为大家的普遍利益付出了自己的心血时，就一定会得到回馈。

合作关系是人际关系的镜子

建立良好的合作关系,还需要了解他人、包容他人。每个人都有自己的优缺点,在与人合作的过程中,你不可能只与他人的优点合作,当与他人的缺点发生冲撞时,你唯一能做的就是包容。

有一天,沙漠与海洋谈判。

"我太干,干得连一条小溪都没有,而你却有那么多水,变成汪洋一片。"沙漠建议,"不如我们做个交换吧。"

"好啊,"海洋欣然同意,"我欢迎沙漠来填补海洋,但是我已经有沙滩了,所以只要土,不要沙。"

"我也欢迎海洋来滋润沙漠,"沙漠说,"可是盐太咸了,所以只要水,不要盐。"

我们想得到一种东西,必须容忍其他一些东西也跟过来。

有两个戏剧学院的学生,毕业后一起进入演艺圈,他们都很有才华,在学校的时候就显得与众不同,两人虽然彼此惺惺相惜,却也因好强而暗中较量。

虽然两人同时毕业于戏剧学院,但一位是导演系的,一位是表演系的,因此入行后,一位当导演,一位做演员。

经过一段时间的努力,两人在工作岗位上都表现得很出色。有一次,刚好有部电影可以让他俩合作,基于两人是要好的同学,而且心里对彼此的才能和需求都非常了解,所以他们爽快地答应一起合作。

导演对于演员一向要求比较严格,所以在拍戏的过程之中,虽然是自己的同学也毫不客气地加以指责。而已经是名演员的老同学也有自己的见解和个性,所以片场的火药味总是很浓。

有一天,导演因为几个镜头一直拍不好,不禁怒火中烧,对着自己的老同学大发脾气,一句重话马上脱口而出:"我从来没见过这么烂的演员!"

名演员一听,愣了许久。他走到休息室,不肯出来继续拍戏。

"一个篱笆三个桩,一个好汉三个帮。"一个人在社会生活中,不可能永远孤军打天下,总会有与别人携手合作的时候。事实上,我们几乎每天都会碰到许多必须与别人合作才能完成的事情,学会与别人愉快而有效的合作,无疑将会给你的生活和学习带来高效率和愉悦的心情。因此,可以说合作关系是人际关系的另一面镜子。

与别人合作关系差的人,其人际关系往往也很差。因此,从合作关系之中,我们可以建立良好的人际关系;从人际关系之中,我们可以巩固彼此的合作关系,这是互动的。

其实,了解别人也是一种能力,而不仅仅是一种态度。在很多情况下,我们都是感情用事,不够理智,不懂得换位思考,这为我们带来了许多麻烦,所以我们每个人都应该以一颗包容的心,忍受别人不合理的行为,学会去欣赏并接受不同的生活方式、文化等。

魔力悄悄话

学会与别人合作有很多的技巧,不是说你仅有一颗真诚的心就可以了。要与人合作必须了解别人,只有了解别人,才谈得上合作,只有对别人有了充分的了解,才能扬其长、避其短,使其有信心与你共事。

去信任我们的"战友"

合作伙伴就得统一战线,齐心协力才能打败你的对手。轻易怀疑你的合作伙伴等于是自挖阵脚,不战自溃。

灰兔在山坡上玩,发现狼、豺、狐狸鬼鬼祟祟地向自己走来,便急忙钻到自己的洞穴中避难。灰兔的洞一共有三个不同方向的出口,为的是在情况危急时能从安全的洞口逃离。今天,狼、豺、狐狸联合起来对付灰兔,它们各自把守一个出口,把灰兔围困在洞穴中。

狼用它那沙哑的嗓子,对着洞中喊道:"灰兔你听着,三个出口我们都把守着,你逃不了啦,还是自己走出来吧。不然我们就要用烟熏了,还要把水灌进去!"

灰兔想,这样一直困在洞里也不是个办法,如果它们真的用烟熏、用水灌,情况就更加不妙。忽然,灰兔灵机一动,想出了一个妙计。它来到狐狸把守的洞口,对着洞外拼命地尖叫,就像被抓住后发出的绝望惨叫声。

狼和豺听到灰兔的尖叫声,以为灰兔被狐狸抓住了。它们担心狐狸抓到灰兔后独自享用,不约而同地飞奔到狐狸那里,想向狐狸要回属于自己的那份。聚到一起后,狼、豺、狐狸忽然意识到灰兔可能是用声东击西之计时,急忙又回到各自把守的洞口继续把守。它们哪里知道,灰兔趁刚才狼到狐狸那里去的时候,早已飞奔出来,躲到了安全的地方。

灰兔把自己脱险的经过告诉了刺猬,刺猬说:"你真聪明,你是怎么想出这个妙计来的呢?"灰兔说:"因为我知道,狼、豺、狐狸虽然结伙前来对付我,但它们都有贪婪的本性,互不信任,各怀鬼胎,我正是利用了这一点。"

没有信任的团队,是无法形成强大的向心力和凝聚力的,在竞争中,他们总会被对手找到漏洞,各个击破,最后落得失败的下场。

没有信赖做基础，每个人都会试图保护自己眼前的利益，但是这么做会对长期的利益造成损害。信赖是一种开放的格局，是人与人之间最最重要的情谊，人们最值得骄傲的就是自己可以得到别人的信任，自己的所作所为能够无愧于心，并与人坦诚地沟通。去信任我们的"战友"，同时也让自己成为值得信任的人。

魔力悄悄话

如果你相信别人，别人也会相信你。你以什么样的态度或方式对待别人，别人也会以什么样的态度或方式来对待你。信任是合作的基础，而相互合作的人就像战场上同一战壕的战友，你要相信你的"战友"。